二十四史

卷一

[西汉]司马迁 著
李楠 编译

图书在版编目（CIP）数据

二十四史/［西汉］司马迁著；李楠编译. —北京：北京工艺美术出版社，2019.4

（品读经典：双色线装）

ISBN 978-7-5140-1615-4

Ⅰ. ①二… Ⅱ. ①司… ②李 Ⅲ. ①中国历史－古代史－纪传体 Ⅳ. ①K204.1

中国版本图书馆CIP数据核字（2018）第212399号

出 版 人：陈高潮
责任编辑：陈宗贵
装帧设计：书心瞬意
责任印制：宋朝晖

二十四史

［西汉］司马迁 著 李楠 编译

出　　版　北京工艺美术出版社
发　　行　北京美联京工图书有限公司
地　　址　北京市朝阳区化工路甲18号
　　　　　中国北京出版创意产业基地先导区
邮　　编　100124
电　　话　（010）84255105（总编室）
　　　　　（010）64283630（编辑室）
　　　　　（010）64280045（发　行）
传　　真　（010）64280045/84255105
网　　址　www.gmcbs.cn
经　　销　全国新华书店
印　　刷　三河市文通印刷包装有限公司
开　　本　889毫米×1194毫米　1/16
印　　张　40
版　　次　2019年4月第1版
印　　次　2019年4月第1次印刷
印　　数　1～3000
书　　号　ISBN 978-7-5140-1615-4
定　　价　380.00（全四卷）

前言

21世纪是世界大变革、大转折、大发展的时代，中华民族迎来了千载难逢的大好机遇，正处在伟大复兴的历史新起点。伟大的复兴需要伟大的文化。作为中华儿女，中华文化是我们共同的骄傲，共同的身份，是抹不去的生命『痕迹』。我们都是中华文化的承载者、传播者，有义务、有责任大力弘扬中华民族优秀文化，使烛照中华数千年的人文之光薪火相传、熠熠生辉，成为中华民族在新世纪实现伟大复兴的强大精神力量。保存我国优秀古代典籍，培育中华文化的传人，使中华文明薪火代代相传，成为我们义不容辞的责任。

『二十四史』，是中国古代各朝撰写的二十四部史书的总称，『二十四史』具体包括《史记》《汉书》《后汉书》《三国志》《晋书》《宋书》《南齐书》《梁书》《陈书》《魏书》《北齐书》《周书》《隋书》《南史》《北史》《旧唐书》《新唐书》《旧五代史》《新五代史》《宋史》《辽史》《金史》《元史》《明史》。由于《史记》的写法被历来的朝代纳为正式的历史写作手法，故将和《史记》一样用纪传体写作的史书称『正史』。它上起传说中的黄帝（约公元前2550年），止于明朝崇祯十七年（1644年），计3213卷，约4000万字，用统一的有本纪、列传的纪传体编写。

本次出版的『二十四史』共分四册，囊括了『二十四史』中『本纪』『列传』『志』『世家』等内容，保证了二十四史的全貌，选取的篇章都是脍炙人口、流传久远的佳作名篇。在这里，几千年中撼人肺腑的征战变故、传奇人物、天文历法等都将一览无余，它留给人们的是历史阅读的快感，启迪与借鉴的双赢。

中华民族的祖先曾追求这样一种境界——『为天地立心，为生民立命，为往圣继绝学，为万世开太平』。今天人类正处在社会急剧大变动的时代，回溯源头、传承命脉、相互学习、开拓创新是各国弘扬本民族优秀文化的明智选择。我们希望中华儿女以共同的智慧或力量去推动人类文明的进步和发展。我们的努力将承继先贤、泽被后世，将有助于为子孙后代造就一个更加和平、安定和繁荣的世界。我们坚信这样一个无限光明、无限美好的明天必将到来。

目录

卷三

史记

秦始皇本纪第六

秦始皇帝者，秦庄襄王子也。庄襄王为秦质子于赵，见吕不韦姬，悦而取之，生始皇。以秦昭王四十八年正月生于邯郸。及生，名为政，姓赵氏。年十三岁，庄襄王死，政代立为秦王。当是之时，秦地已并巴、蜀、汉中，越宛有郢，置南郡矣；北收上郡以东，有河东、太原、上党郡；东至荥阳，灭二周，置三川郡。吕不韦为相，封十万户，号曰文信侯。招致宾客游士，欲以并天下。李斯为舍人。蒙骜、王齮、麃公等为将军。王年少，初即位，委国事大臣。

晋阳反，元年，将军蒙骜击定之。二年，麃公将卒攻卷，斩首三万。三年，蒙骜攻韩，取十三城。王齮死。十月，将军蒙骜攻魏氏畼、有诡。岁大饥。四年，拔畼、有诡。三月，军罢。秦质子归自赵，赵太子出归国。十月庚寅，蝗虫从东方来，蔽天。天下疫。百姓内粟千石，拜爵一级。五年，将军骜攻魏，定酸枣、燕、虚、长平、雍丘、山阳城，皆拔之，取二十城。初置东郡。冬雷。六年，韩、魏、赵、卫、楚共击秦，取寿陵。秦出兵，五国兵罢。拔卫，迫东郡，其君角率其支属徙居野王，阻其山以保魏之河内。七年，彗星先出东方，见北方，五月见西方。将军骜死。以攻龙、孤、庆都，还兵攻汲。彗星复见西方十六日。夏太后死。八年，王弟长安君成蟜将军击赵，反，死屯留，军吏皆斩死，迁其民于临洮。将军壁死，卒屯留、蒲鹝反，戮其尸。河鱼大上，轻车重马东就食。

嫪毐封为长信侯。予之山阳地，令毐居之。宫室、车马、衣服、苑囿、驰猎恣毐。事无小大皆决于毐。又以河西、太原郡更为毐国。九年，彗星见，或竟天。攻魏垣、蒲阳。四月，上宿雍。己酉，王冠，带剑。长信侯毐作乱而觉，矫王御玺及太后玺以发县卒及卫卒、官骑、戎翟君公、舍人，将欲攻蕲年宫为乱。王知之，令相国昌平君、昌文君发卒攻毐。战咸阳，斩首数百，皆拜爵，及宦者皆在战中，亦拜爵一级。毐等败走。即令国中：有生得毐，赐钱百万；杀之，五十万。尽得毐等。卫尉竭、内史肆、佐弋竭、中大夫令齐等二十人皆枭首。车裂以徇，灭其宗。及其舍人，轻者为鬼薪。及夺爵迁蜀四千余家，家房陵。是月寒冻，有死者。杨端和攻衍氏。彗星见西方，又见北方，从斗以南八十日。十年，相国吕不韦坐嫪毐免。桓齮为将军。齐、赵来，置酒。齐人茅焦说秦王曰：『秦方以天下为事，而大王有迁母太后之名，恐诸侯闻之，由此倍秦也。』秦王乃迎太后于雍而入咸阳，复居甘泉宫。

大索，逐客。李斯上书说，乃止逐客令。李斯因说秦王，请先取韩以恐他国，于是使斯下韩。韩王患之，与韩非谋弱秦。大梁人尉缭来，说秦王曰：『以秦之强，诸侯譬如郡县之君，臣但恐诸侯合从，翕而出不意，此乃智伯、夫差、湣王之所以亡也。愿大王毋爱财物，赂其豪臣，以乱其谋，不过亡三十万金，则诸侯可尽。』秦王从其计，见尉缭亢礼，衣服食饮与缭同。缭曰：『秦王为人，蜂准，长目，挚鸟膺，豺声，少恩而虎狼心，居约易出人下，得志亦轻食人。我布衣，然见我常身自下我。诚使秦王得志于天下，天下皆为虏矣。不可与久游。』乃亡去。秦王觉，固止，以为秦国尉，卒用其计策。而李斯用事。

十一年，王翦、桓齮、杨端和攻邺，取九城。王翦攻阏与、橑杨，皆并为一军。翦将十八日，军归斗食以下，什推二人从军。取邺、安阳，桓齮将。十二年，文信侯不韦死，窃葬。其舍人临者，晋人也逐出之；秦人六百石以上夺爵，迁；五百石以下不临，迁，勿夺爵。自今以来，操国事不道如嫪毐、不韦者籍其门，视此。秋，复嫪毐舍人迁蜀者。当是之时，天下大旱，六月至八月乃雨。

十三年，桓齮攻赵平阳，杀赵将扈辄，斩首十万。王之河南。正月，彗星见东方。十月，桓齮攻赵。十四年，攻赵军于平阳，取宜安，破之，杀其将军。桓齮定平阳、武城。韩非使秦，秦用李斯谋，留非，非死云阳。韩王请为臣。

十五年，大兴兵，一军至邺，一军至太原，取狼孟。地动。十六年九月，发卒受地韩南阳，假守腾。初令男子书年。魏献地于秦。秦置丽邑。十七年，内史腾攻韩，得韩王安，尽纳其地，以其地为郡，命曰颍川。地动。华阳太后卒。民大饥。

十八年，大兴兵攻赵，王翦将上地，下井陉，端和将河内，羌瘣伐赵，端和围邯郸城。十九年，王翦、羌瘣尽定取赵地东阳，得赵王。引兵欲攻燕，屯中山。秦王之邯郸，诸尝与王生赵时母家有仇怨，皆阬之。秦王还，从太原、上郡归。始皇帝母太后崩。赵公子嘉率其宗数百人之代，自立为代王，东与燕合兵，军上谷、大饥。

二十年，燕太子丹患秦兵至国，恐，使荆轲刺秦王。秦王觉之，体解轲以徇，而使王翦、辛胜攻燕。燕、代发兵击秦军，秦军破燕易水之西。二十一年，王贲攻荆。乃益发卒诣王翦军，遂破燕太子军，取燕蓟城，得太子丹之首。燕王东收辽东而王之。王翦谢病老归。新郑反。昌平君徙于郢。大雨雪，深二尺五寸。

二十二年，王贲攻魏，引河沟灌大梁，大梁城坏，其王请降，尽取其地。

二十三年，秦王复召王翦，强起之，使将击荆。取陈以南至平舆，虏荆王。秦王游至郢陈。荆将项燕立昌平君为荆王，反秦于淮南。二十四年，王翦、蒙武攻荆，破荆军，昌平君死，项燕遂自杀。

二十五年，大兴兵，使王贲将，攻燕辽东，得燕王喜。还攻代，虏代王嘉。王翦遂定荆江南地；降越君，置会稽郡。五月，天下大酺。

二十六年，齐王建与其相后胜发兵守其西界，不通秦。秦使将军王贲从燕南攻齐，得齐王建。

秦初并天下，令丞相、御史曰：『异日韩王纳地效玺，请为藩臣，已而倍约，与赵、魏合从畔秦，故兴兵诛之，虏其王。寡人以为善，庶几息兵革。赵王使其相李牧来约盟，故归其质子。已而倍盟，反我太原，故兴兵诛之，得其王。赵公子嘉乃自立为代王，故举兵击灭之。魏王始约服入秦，已而与韩、赵谋袭秦，秦兵吏诛，遂破之。荆王献青阳以西，已而畔约，击我南郡，故发兵诛，得其王，遂定其荆地。燕王昏乱，其太子丹乃阴令荆轲为贼，兵吏诛，灭其国。齐王用后胜计，绝秦使，欲为乱，兵吏诛，虏其王，平齐地。寡人以眇眇之身，兴兵诛暴乱，赖宗庙之灵，六王咸伏其辜，天下大定。今名号不更，无以称成功，传后世。其议帝号。』丞相绾、御史大夫劫、廷尉斯等皆曰：『昔者五帝地方千里，其外侯服夷服，诸侯或朝或否，天子不能制。今陛下兴义兵，诛残贼，平定天下，海内为郡县，法令由一统，自上古以来未尝有，五帝所不及。臣等谨与博士议曰：「古有天皇，有地皇，有泰皇，泰皇最贵。」

臣等昧死上尊号，王为「泰皇」。命为「制」，令为「诏」，天子自称曰「朕」。』王曰：『去「泰」，著「皇」，采上古「帝」位号，号曰「皇帝」。他如议。』制曰：『可。』追尊庄襄王为太上皇。制曰：『朕闻太古有号毋谥，中古有号，死而以行为谥。如此，则子议父，臣议君也，甚无谓，朕弗取焉。自今已来，除谥法。朕为始皇帝。后世以计数，二世三世至于万世，传之无穷。』

始皇推终始五德之传，以为周得火德，秦代周德，从所不胜。方今水德之始，改年始，朝贺皆自十月朔。衣服旄旌节旗皆上黑。数以六为纪，符、法冠皆六寸，而舆六尺，六尺为步，乘六马。更名河曰德水，以为水德之始。刚毅戾深，事皆决于法，刻削毋仁恩和义，然后合五德之数。于是急法，久者不赦。

丞相绾等言：『诸侯初破，燕、齐、荆地远，不为置王，毋以填之。请立诸子，唯上幸许。』始皇下其议于群臣，群臣皆以为便。廷尉李斯议曰：『周文武所封子弟同姓甚众，然后属疏远，相攻击如仇雠，诸侯更相诛伐，周天子弗能禁止。今海内赖陛下神灵一统，皆为郡县，诸子功臣以公赋税重赏赐之，甚足易制。天下无异意，则安宁之术也。置诸侯不便。』始皇曰：『天下共苦战斗不休，以有侯王。赖宗庙，天下初定，又复立国，是树兵也，而求其宁息，岂不难哉！廷尉议是。』

分天下以为三十六郡，郡置守、尉、监。更名民曰『黔首』。大酺。收天下兵，聚之咸阳，销以为钟鐻，金人十二，重各千石，置廷宫中。一法度衡石丈尺。车同轨。书同文字。地东至海暨朝鲜，西至临洮、羌中，南至北向户，北据河为塞，并阴山至辽东。徙天下豪富于咸阳十二万户。诸庙及章台、上林皆在渭南。秦每破诸侯，写放其宫室，作之咸阳北阪上，南临渭，自雍门以东至泾、渭，殿屋复道周阁相属。所得诸侯美人钟鼓，以充入之。

二十七年，始皇巡陇西、北地，出鸡头山，过回中。焉作信宫渭南，已更命信宫为极庙，象天极。自极庙道通郦山，作甘泉前殿。筑甬道，自咸阳属之。是岁，赐爵一级。治驰道。

二十八年，始皇东行郡县，上邹峄山。立石，与鲁诸儒生议，刻石颂秦德，议封禅望祭山川之事。乃遂上泰山，立石，封，祠祀。下，风雨暴至，休于树下，因封其树为五大夫。禅梁父。刻所立石，其辞曰：

皇帝临位，作制明法，臣下修饬。二十有六年，初并天下，罔不宾服。亲巡远方黎民，登兹泰山，周览东极。从臣思迹，本原事业，祗诵功德。治道运行，诸产得宜，皆有法式。大义休明，垂于后世，顺承勿革。皇帝躬圣，既平天下，不懈于治。夙兴夜寐，建设长利，专隆教诲。训经宣达，远近毕理，咸承圣志。贵贱分明，男女礼顺，慎遵职事。昭隔内外，靡不清净，施于后嗣。化及无穷，遵奉遗诏，永承重戒。

于是乃并渤海以东，过黄、腄，穷成山，登之罘，立石颂秦德焉而去。

南登琅邪，大乐之，留三月。乃徙黔首三万户琅邪台下，复十二岁。作琅邪台，立石刻，颂秦德，明得意。曰：

维二十八年，皇帝作始。端平法度，万物之纪。以明人事，合同父子。圣智仁义，显白道理。东抚东土，以省卒士。事已大毕，乃临于海。皇帝之功，勤劳本事。上农除末，黔首是富。普天之下，抟心揖志。器械一量，同书文字。日月所照，舟舆所载。皆终其命，莫不得意。应时动事，是维皇帝。匡饬异俗，陵水经地。忧恤黔首，朝夕不懈。除疑定法，咸知所辟。方伯分职，诸治经易。举错必当，莫不如画。皇帝之明，临察四方。尊卑贵贱，不逾次行。奸邪不容，皆务贞良。细大尽力，莫敢怠荒。远迩辟隐，专务肃庄。端直敦忠，事业有常。皇帝之德，存定四极。诛乱除害，兴利致福。节事以时，诸产繁殖。黔首安宁，不用兵革。六亲相保，终无寇贼。欢欣奉教，尽知法式。六合之内，皇帝之土。西涉流沙，南尽北户。东有东海，北过大夏。人迹所至，无不臣者。功盖五帝，泽及牛马。莫不受德，各安其宇。

维秦王兼有天下，立名为皇帝，乃抚东土，至于琅邪。列侯武城侯王离、列侯通武侯王贲、伦侯建成侯赵亥、伦侯昌武侯成、伦侯武信侯冯毋择、丞相隗林、丞相王绾、卿李斯、卿王戊、五大夫赵婴、五大夫杨樛从，与议于海上。曰：『古之帝者，地不过千里，诸侯各守其封域，或朝或否，相侵暴乱，残伐不止，犹刻金石，以自为纪。古之五帝三王，知教不同，法度不明，假威鬼神，以欺远方，实不称名，故不久长。其身未殁，诸侯倍叛，法令不行。今皇帝并一海内，以为郡县，天下和平。昭明宗庙，体道行德，尊号大成。群臣相与诵皇帝功德，刻于金石，以为表经。』

既已，齐人徐市等上书，言海中有三神山，名曰蓬莱、方丈、瀛洲，仙人居之。请得斋戒，与童男女求之。于是遣徐市发童男女数千人，入海求仙人。

始皇还，过彭城，斋戒祷祠，欲出周鼎泗水。使千人没水求之，弗得。乃西南渡淮水，之衡山、南郡。浮江，至湘山祠。逢大风，几不得渡。上问博士曰：『湘君何神？』博士对曰：『闻之，尧女，舜之妻，而葬此。』于是始皇大怒，使刑徒三千人皆伐湘山树，赭其山。上自南郡由武关归。

二十九年，始皇东游。至阳武博狼沙中，为盗所惊。求弗得，乃令天下大索十日。

登之罘，刻石。其辞曰：

维二十九年，时在中春，阳和方起。皇帝东游，巡登之罘，临照于海。从臣嘉观，原念休烈，追诵本始。大圣作治，建定法度，显箸纲纪。外教诸侯，光施文惠，明以义理。六国回辟，贪戾无厌，虐杀不已。皇帝哀众，遂发讨师，奋扬武德。义诛信行，威燀旁达，莫不宾服。烹灭强暴，振救黔首，周定四极。普施明法，经纬天下，永为仪则。大矣哉！宇县之中，承顺圣意。群臣诵功，请刻于石，表垂于常式。

其东观曰：

维二十九年，皇帝春游，览省远方。逮于海隅，遂登之罘，昭临朝阳。观望广丽，从臣咸念，原道至明。圣法初兴，清理疆内，外诛暴强。武威旁畅，振动四极，禽灭六王。阐并天下，甾害绝息，永偃戎兵。皇帝明德，经理宇内，视听不怠。作立大义，昭设备器，咸有章旗。职臣遵分，各知所行，事无嫌疑。黔首改化，远迩同度，临古绝尤。常职既定，后嗣循业，长承圣治。群臣嘉德，祗诵圣烈，请刻之罘。

旋，遂之琅邪，道上党入。

三十年，无事。

三十一年十二月，更名腊曰『嘉平』。赐黔首里六石米，二羊。始皇为微行咸阳，与武士四人俱，夜出逢盗兰池，见窘，武士击杀盗，关中大索二十日。米石千六百。

三十二年，始皇之碣石，使燕人卢生求羡门、高誓。刻碣石门。坏城郭，决通堤防。其辞曰：

遂兴师旅，诛戮无道，为逆灭息。武殄暴逆，文复无罪，庶心咸服。惠论功劳，赏及牛马，恩肥土域。皇帝奋威，德并诸侯，初一泰平。堕坏城郭，决通川防，夷去险阻。地势既定，黎庶无繇，天下咸抚。男乐其畴，女修其业，事各有序。惠被诸产，久并来田，莫不安所。群臣诵烈，请刻此石，垂著仪矩。

因使韩终、侯公、石生求仙人不死之药。始皇巡北边，从上郡入。燕人卢生使入海还，以鬼神事，因奏录图书，曰『亡秦者胡也』。始皇乃使将军蒙恬发兵三十万人北击胡，略取河南地。

三十三年，发诸尝逋亡人、赘婿、贾人略取陆梁地，为桂林、象郡、南海，以谪遣戍。西北斥逐匈奴。自榆中并河以东，属之阴山，以为三十四县，城河上为塞。又使蒙恬渡河取高阙、阳山、北假中，筑亭障以逐戎人。徙谪，实之初县。禁不得祠。明星出西方。

三十四年，谪治狱吏不直者，筑长城及南越地。

始皇置酒咸阳宫，博士七十人前为寿。仆射周青臣进颂曰：『他时秦地不过千里，赖陛下神灵明圣，平定海内，放逐蛮夷，日月所照，莫不宾服。以诸侯为郡县，人人自安乐，无战争之患，传之万世。自上古不及陛下威德。』始皇悦。博士齐人淳于越进曰：『臣闻殷周之王千余岁，封子弟功臣，自为枝辅。今陛下有海内，而子弟为匹夫，卒有田常、六卿之臣，无辅拂，何以相救哉？事不师古而能长久者，非所闻也。今青臣又面谀以重陛下之过，非忠臣。』始皇下其议。丞相李斯曰：『五帝不相复，三代不相袭，各以治，非其相反，时变异也。今陛下创大业，建万世之功，固非愚儒所知。且越言乃三代之事，何足法也？异时诸侯并争，厚招游学。今天下已定，法令出一，百姓当家则力农工，士则学习法令辟禁。今诸生不师今而学古，以非当世，惑乱黔首。丞相臣斯昧死言：古者天下散乱，莫之能一，是以诸侯并作，语皆道古以害今，饰虚言以乱实，人善其所私学，以非上之所建立。今皇帝并有天下，别黑白而定一尊。私学而相与非法教，人闻令下，则各以其学议之，入则心非，出则巷议，夸主以为名，异取以为高，率群下以造谤。如此弗禁，则主势降乎上，党与成乎下。禁之便。臣请史官非秦记皆烧之。非博士官所职，天下敢有藏《诗》《书》、百家语者，悉诣守、尉杂烧之。有敢偶语《诗》《书》者弃市。以古非今者族。吏见知不举者与同罪。令下三十日不烧，黥为城旦。所不去者，医药卜筮种树之书。若欲有学法令，以吏为师。』制曰：『可。』

三十五年，除道，道九原抵云阳，堑山堙谷，直通之。于是始皇以为咸阳人多，先王之宫廷小，吾闻周文王都丰，武王都镐，丰镐之间，帝王之都也。乃营作朝宫渭南上林苑中。先作前殿阿房，东西五百步，南北五十丈，上可以坐万人，下可以建五丈旗。周驰为阁道，自殿下直抵南山。表南山之颠以为阙。为复道，自阿房渡渭，属之咸阳，以象天极阁道绝汉抵营室也。阿房宫未成；成，欲更择令名名之。作宫阿房，故天下谓之阿房宫。隐宫徒刑者七十余万人，乃分作阿房宫，或作丽山。发北山石椁，乃写蜀、荆地材皆至。关中计宫三百，关外四百余。于是立石东海上朐界中，以为秦东门。因徙三万家丽邑，五万家云阳，皆复不事十岁。

卢生说始皇曰：『臣等求芝奇药仙者常弗遇，类物有害之者。方中，人主时为微行以辟恶鬼，恶鬼辟，真人至。人主所居而人臣知之，则害于神。真人者，入水不濡，入火不爇，陵云气，与天地久长。今上治天下，未能恬倓。愿上所居宫毋令人知，然后不死之药殆可得也。』于是始皇曰：『吾慕真人，自谓「真人」，不称「朕」。』乃令咸阳之旁二百里内宫观二百七十复道甬道相连，帷帐钟鼓美人充之，各案署不移徙。行所幸，有言其处者，罪死。始皇帝幸梁山宫，从山上见丞相车骑众，弗善也。中人或告丞相，丞相后损车骑。始皇怒曰：『此中人泄吾语。』案问莫服。当是时，诏捕诸时在旁者，皆杀之。自是后莫知行之所在。听事，群臣受决事，悉于咸阳宫。

侯生、卢生相与谋曰：『始皇为人，天性刚戾自用，起诸侯，并天下，意得欲从，以为自古莫及己。专任狱吏，狱吏得亲幸。博士虽七十人，特备员弗用。丞相诸大臣皆受成事，倚辨于上。上乐以刑杀为威，天下畏罪持禄，莫敢尽忠。上不闻过而日骄，下慑伏谩欺以取容。秦法，不得兼方，不验，辄死。然候星气者至三百人，皆良士，畏忌讳谀，不敢端言其过。天下之事无小大皆决于上，上至以衡石量书，日夜有呈，不中呈不得休息。贪于权势至如此，未可为求仙药。』于是乃亡去。始皇闻亡，乃大怒曰：『吾前收天下书不中用者尽去之。悉召文学方术士甚众，欲以兴太平，方士欲练以求奇药。今闻韩众去不报，徐市等费以巨万计，终不得药，徒奸利相告日闻。卢生等吾尊赐之甚厚，今乃诽谤我，以重吾不德也。诸生在咸阳者，吾使人廉问，或为訞言以乱黔首。』于是使御史悉案问诸生，诸生传相告引，乃自除。犯禁者四百六十余人，皆坑之咸阳，使天下知之，以惩后。益发谪徙边。始皇长子扶苏谏曰：『天下初定，远方黔首未集，诸生皆诵法孔子，今上皆重法绳之，臣恐天下不安。唯上察之。』始皇怒，使扶苏北监蒙恬于上郡。

三十六年，荧惑守心。有坠星下东郡，至地为石，黔首或刻其石曰『始皇帝死而地分』。始皇闻之，遣御史逐问，莫服，尽取石旁居人诛之，因燔销其石。始皇不乐，使博士为《仙真人诗》，及行所游天下，传令乐人歌弦之。秋，使者从关东夜过华阴平舒道，有人持璧遮使者曰：『为吾遗滈池君。』因言曰：『今年祖龙死。』使者问其故，因忽不见，置其璧去。使者奉璧具以闻。始皇默然良久，曰：『山鬼固不过知一岁事也。』退言曰：『祖龙者，人之先也。』使御府视璧，乃二十八年行渡江所沉璧也。于是始皇卜之，卦得游徙吉。迁北河、榆中三万家。拜爵一级。

三十七年十月癸丑，始皇出游。左丞相斯从，右丞相去疾守。少子胡亥爱慕请从，上许之。十一月，行至云梦，望祀虞舜于九疑山。浮江下，观籍柯，渡海渚。过丹阳，至钱唐。临浙江，水波恶，乃西百二十里从狭中渡。上会稽，祭大禹，望于南海，而立石刻颂秦德。其文曰：

皇帝休烈，平一宇内，德惠脩长。三十有七年，亲巡天下，周览远方。遂登会稽，宣省习俗，黔首斋庄。群臣诵功，本原事迹，追首高明。秦圣临国，始定刑名，显陈旧章。初平法式，审别职任，以立恒常。六王专倍，贪戾慠猛，率众自强。暴虐恣行，负力而骄，数动甲兵。阴通间使，以事合从，行为辟方。内饰诈谋，外来侵边，遂起祸殃。

义威诛之，殄熄暴悖，乱贼灭亡。圣德广密，六合之中，被泽无疆。皇帝并宇，兼听万事，远近毕清。运理群物，考验事实，各载其名。贵贱并通，善否陈前，靡有隐情。饰省宣义，有子而嫁，倍死不贞。防隔内外，禁止淫泆，男女絜诚。夫为寄豭，杀之无罪，男秉义程。妻为逃嫁，子不得母，咸化廉清。大治濯俗，天下承风，蒙被休经。皆遵度轨，和安敦勉，莫不顺令。黔首修絜，人乐同则，嘉保太平。后敬奉法，常治无极，舆舟不倾。从臣诵烈，请刻此石，光垂休铭。

还过吴，从江乘渡。并海上，北至琅邪。方士徐市等入海求神药，数岁不得，费多，恐谴，乃诈曰：『蓬莱药可得，然常为大鲛鱼所苦，故不得至，愿请善射与俱，见则以连弩射之。』始皇梦与海神战，如人状。问占梦，博士曰：『水神不可见，以大鱼蛟龙为候。今上祷祠备谨，而有此恶神，当除去，而善神可致。』乃令入海者赍捕巨鱼具，而自以连弩候大鱼出射之。自琅邪北至荣成山，弗见。至之罘，见巨鱼，射杀一鱼。遂并海西。

至平原津而病。始皇恶言死，群臣莫敢言死事。上病益甚，乃为玺书赐公子扶苏曰：『与丧会咸阳而葬。』书已封，在中车府令赵高行符玺事所，未授使者。七月丙寅，始皇崩于沙丘平台。丞相斯为上崩在外，恐诸公子及天下有变，乃秘之，不发丧。棺载辒辌车中，故幸宦者参乘，所至上食。百官奏事如故，宦者辄从辒辌车中可其奏事。独子胡亥、赵高及所幸宦者五六人知上死。赵高故尝教胡亥书及狱律令法事，胡亥私幸之。高乃与公子胡亥、丞相斯阴谋破去始皇所封书赐公子扶苏者，而更诈为丞相斯受始皇遗诏沙丘，立子胡亥为太子。更为书赐公子扶苏、蒙恬，数以罪，其赐死。语俱在《李斯传》中。行，遂从井陉抵九原。会暑，上辒车臭，乃诏从官令车载一石鲍鱼，以乱其臭。

行从直道至咸阳，发丧。太子胡亥袭位，为二世皇帝。九月，葬始皇郦山。始皇初即位，穿治郦山，及并天下，天下徒送诣七十余万人，穿三泉，下铜而致椁，宫观百官奇器珍怪徙臧满之。令匠作机弩矢，有所穿近者辄射之。以水银为百川江河大海，机相灌输，上具天文，下具地理。以人鱼膏为烛，度不灭者久之。二世曰：『先帝后宫非有子者，出焉不宜。』皆令从死，死者甚众。葬既已下，或言工匠为机，臧皆知之，臧重即泄。大事毕，已臧，闭中羡，下外羡门，尽闭工匠臧者，无复出者。树草木以象山。

二世皇帝元年，年二十一。赵高为郎中令，任用事。二世下诏，增始皇寝庙牺牲及山川百祀之礼。令群臣议尊始皇庙。群臣皆顿首言曰：『古者天子七庙，诸侯五，大夫三，虽万世世不轶毁。今始皇为极庙，四海之内皆献贡职，增牺牲，礼咸备，毋以加。先王庙或在西雍，或在咸阳。天子仪当独奉酌祠始皇庙。自襄公已下轶毁。所置凡七庙。群臣以礼进祠，以尊始皇庙为帝者祖庙。皇帝复自称「朕」。』

二世与赵高谋曰：『朕年少，初即位，黔首未集附。先帝巡行郡县，以示强，威服海内。今晏然不巡行，即见弱，毋以臣畜天下。』春，二世东行郡县，李斯从。到碣石，并海，南至会稽，而尽刻始皇所立刻石，石旁著大臣从者名，以章先帝成功盛德焉：

皇帝曰：『金石刻尽始皇帝所为也。今袭号而金石刻辞不称始皇帝，其于久远也如后嗣为之者，不称成功盛德。』丞相臣斯、臣去疾、御史大夫臣德昧死言：『臣请具刻诏书刻石，因明白矣。臣昧死请。』制曰：『可。』

遂至辽东而还。

于是二世乃遵用赵高，申法令。乃阴与赵高谋曰：『大臣不服，官吏尚强，及诸公子必与我争，为之奈何？』高曰：『臣固愿言而未敢也。先帝之大臣，皆天下累世名贵人也，积功劳世以相传久矣。今高素小贱，陛下幸称举，令在上位，管中事。大臣鞅鞅，特以貌从臣，其心实不服。今上出，不因此时案郡县守尉有罪者诛之，上以振威天下，下以除去上生平所不可者。今时不师文而决于武力，愿陛下遂从时毋疑，即群臣不及谋。明主收举余民，贱者贵之，贫者富之，远者近之，则上下集而国安矣。』二世曰：『善。』乃行诛大臣及诸公子，以罪过连逮少近官三郎，无得立者，而六公子戮死于杜。公子将闾昆弟三人囚于内宫，议其罪独后。二世使使令将闾曰：『公子不臣，罪当死，吏致法焉。』将闾曰：『阙廷之礼，吾未尝敢不从宾赞也；廊庙之位，吾未尝敢失节也；受命应对，吾未尝敢失辞也。何谓不臣？愿闻罪而死。』使者曰：『臣不得与谋，奉书从事。』将闾乃仰天大呼天者三，曰：『天乎！吾无罪！』

昆弟三人皆流涕拔剑自杀。宗室振恐。群臣谏者以为诽谤，大吏持禄取容，黔首振恐。

四月，二世还至咸阳，曰：『先帝为咸阳朝廷小，故营阿房宫。为室堂未就，会上崩，罢其作者，复土郦山。郦山事大毕，今释阿房宫弗就，则是章先帝举事过也。』复作阿房宫。外抚四夷，如始皇计。尽征其材士五万人为屯卫咸阳，令教射。狗马禽兽当食者多，度不足，下调郡县转输菽粟刍藁，皆令自赍粮食，咸阳三百里内不得食其谷。用法益刻深。

七月，戍卒陈胜等反故荆地，为张楚。胜自立为楚王，居陈，遣诸将徇地。山东郡县少年苦秦吏，皆杀其守尉令丞反，以应陈涉，相立为侯王，合从西乡，名为伐秦，不可胜数也。谒者使东方来，以反者闻二世。二世怒，下吏。后使者至，上问，对曰：『群盗，郡守尉方逐捕，今尽得，不足忧。』上悦。武臣自立为赵王，魏咎为魏王，田儋为齐王。沛公起沛。项梁举兵会稽郡。

二年冬，陈涉所遣周章等将西至戏，兵数十万。二世大惊，与群臣谋曰：『奈何？』少府章邯曰：『盗已至，众强，今发近县不及矣。郦山徒多，请赦之，授兵以击之。』二世乃大赦天下，使章邯将，击破周章军而走，遂杀章曹阳。二世益遣长史司马欣、董翳佐章邯击盗，杀陈胜城父，破项梁定陶，灭魏咎临济。楚地盗名将已死，章邯乃北渡河，击赵王歇等于巨鹿。

赵高说二世曰：『先帝临制天下久，故群臣不敢为非，进邪说。今陛下富于春秋，初即位，奈何与公卿廷决事？事即有误，示群臣短也。天子称朕，固不闻声。』于是二世常居禁中，与高决诸事。其后公卿希得朝见，盗贼益多，而关中卒发东击盗者毋已。右丞相去疾、左丞相斯、将军冯劫进谏曰：『关东群盗并起，秦发兵诛击，所杀亡甚众，然犹不止。盗多，皆以戍漕转作事苦，赋税大也。请且止阿房宫作者，减省四边戍转。』二世曰：『吾闻之韩子曰：「尧舜采椽不刮，茅茨不翦，饭土塯，啜土形，虽监门之养，不觳于此。禹凿龙门，通大夏，决河亭水，放之海，身自持筑臿，胫毋毛，臣虏之劳不烈于此矣。」凡所为贵有天下者，得肆意极欲，主重明法，下不敢为非，以制御海内矣。

夫虞、夏之主，贵为天子，亲处穷苦之实，以徇百姓，尚何于法？朕尊万乘，毋其实，吾欲造千乘之驾，万乘之属，充吾号名。且先帝起诸侯，兼天下，天下已定，外攘四夷以安边竟，作宫室以章得意，而君观先帝功业有绪。今朕即位二年之间，群盗并起，君不能禁，又欲罢先帝之所为，是上毋以报先帝，次不为朕尽忠力，何以在位？」下去疾、斯、劫吏，案责他罪。去疾、劫曰：『将相不辱。』自杀。斯卒囚，就五刑。

三年，章邯等将其卒围巨鹿，楚上将军项羽将楚卒往救巨鹿。冬，赵高为丞相，竟案李斯杀之。夏，章邯等战数却，二世使人让邯，邯恐，使长史欣请事。赵高弗见，又弗信。欣恐，亡去，高使人捕追不及。欣见邯曰：『赵高用事于中，将军有功亦诛，无功亦诛。』项羽急击秦军，虏王离，邯等遂以兵降诸侯。八月己亥，赵高欲为乱，恐群臣不听，乃先设验，持鹿献于二世，曰：『马也。』二世笑曰：『丞相误邪？谓鹿为马。』问左右，左右或默，或言马以阿顺赵高。或言鹿者，高因阴中诸言鹿者以法。后群臣皆畏高。

高前数言『关东盗毋能为也』，及项羽虏秦将王离等巨鹿下而前，章邯等军数却，上书请益助，燕、赵、齐、楚、韩、魏皆立为王，自关以东，大氐尽畔秦吏应诸侯，诸侯咸率其众西乡。沛公将数万人已屠武关，使人私于高，高恐二世怒，诛及其身，乃谢病不朝见。二世梦白虎啮其左骖马，杀之，心不乐，怪问占梦。卜曰：『泾水为祟。』二世乃斋于望夷宫，欲祠泾沈四白马。使使责让高以盗贼事。高惧，乃阴与其婿咸阳令阎乐、其弟赵成谋曰：『上不听谏，今事急，欲归祸于吾宗。吾欲易置上，更立公子婴。子婴仁俭，百姓皆载其言。』使郎中令为内应，诈为有大贼，令乐召吏发卒，追劫乐母置高舍。遣乐将吏卒千余人至望夷宫殿门，缚卫令仆射，曰：『贼入此，何不止？』卫令曰：『周庐设卒甚谨，安得贼敢入宫？』乐遂斩卫令，直将吏入，行射，郎宦者大惊，或走或格，格者辄死，死者数十人。郎中令与乐俱入，射上幄坐帏。二世怒，召左右，左右皆惶扰不斗。旁有宦者一人，侍不敢去。二世入内，谓曰：『公何不蚤告我？乃至于此！』宦者曰：『臣不敢言，故得全。使臣蚤言，皆已诛，安得至今？』阎乐前即二世数曰：『足下骄恣，诛杀无道，天下共畔足下，足下其自为计。』二世曰：『丞相可得见否？』乐曰：『不可。』二世曰：『吾愿得一郡为王。』弗许。又曰：『愿为万户侯。』弗许。曰：『愿与妻子为黔首，比诸公子。』阎乐曰：『臣受命于丞相，为天下诛足下，足下虽多言，臣不敢报。』麾其兵进。二世自杀。

阎乐归报赵高，赵高乃悉召诸大臣公子，告以诛二世之状。曰：『秦故王国，始皇君天下，故称帝。今六国复自立，秦地益小，乃以空名为帝，不可。宜为王如故，便。』立二世之兄子公子婴为秦王。以黔首葬二世杜南宜春苑中。令子婴斋，当庙见，受王玺。斋五日，子婴与其子二人谋曰：『丞相高杀二世望夷宫，恐群臣诛之，乃详以义立我。我闻赵高乃与楚约，灭秦宗室而王关中。今使我斋见庙，此欲因庙中杀我。我称病不行，丞相必自来，来则杀之。』高使人请子婴数辈，子婴不行，高果自往，曰：『宗庙重事，王奈何不行？』子婴遂刺杀高于斋宫，三族高家以徇咸阳。子婴为秦王四十六日，楚将沛公破秦军入武关，遂至霸上，使人约降子婴。子婴即系颈以组，白马素车，奉天子玺符，降轵道旁。沛公遂入咸阳，封宫室府库，还军霸上。居月余，诸侯兵至，项籍为从长，杀子婴及秦诸公子宗族。遂屠咸阳，烧其宫室，虏其子女，收其珍宝货财，诸侯共分之。灭秦之后，各分其地为三，名曰雍王、塞王、翟王，号曰三秦。项羽为西楚霸王，主命分天下王诸侯，秦竟灭矣。后五年，天下定于汉。

太史公曰：秦之先伯翳，尝有勋于唐虞之际，受土赐姓。及殷夏之间微散。至周之衰，秦兴，邑于西垂。自缪公以来，稍蚕食诸侯，竟成始皇。始皇自以为功过五帝，地广三王，而羞与之侔。善哉乎贾生推言之也！曰：

秦并兼诸侯，山东三十余郡，缮津关，据险塞，修甲兵而守之。然陈涉以戍卒散乱之众数百，奋臂大呼，不用弓戟之兵，鉏櫌白梃，望屋而食，横行天下。秦人阻险不守，关梁不阖，长戟不刺，强弩不射。楚师深入，战于鸿门，曾无藩篱之艰。于是山东大扰，诸侯并起，豪俊相立。秦使章邯将而东征，章邯因以三军之众要市于外，以谋其上。群臣之不信，可见于此矣。子婴立，遂不寤。藉使子婴有庸主之材，仅得中佐，山东虽乱，秦之地可全而有，宗庙之祀未当绝也。

秦地背山带河以为固，四塞之国也。自缪公以来，至于秦王，二十余君，常为诸侯雄。岂世世贤哉？其势居然也。

且天下尝同心并力而攻秦矣。当此之世，贤智并列，良将行其师，贤相通其谋，然困于阻险而不能进。秦乃延入战而为之开关，百万之徒逃北而遂坏。岂勇力智慧不足哉？形不利，势不便也。秦小邑并大城，守险塞而军，高垒毋战，闭关据厄，荷戟而守之。诸侯起于匹夫，以利合，非有素王之行也。其交未亲，其下未附，名为亡秦，其实利之也。彼见秦阻之难犯也，必退师。安土息民，以待其敝，收弱扶罢，以令大国之君，不患不得意于海内。贵为天子，富有天下，而身为禽者，其救败非也。

秦王足己不问，遂过而不变。二世受之，因而不改，暴虐以重祸。子婴孤立无亲，危弱无辅。三主惑而终身不悟，亡，不亦宜乎？当此时也，世非无深虑知化之士也，然所以不敢尽忠拂过者，秦俗多忌讳之禁，忠言未卒于口而身为戮没矣。故使天下之士，倾耳而听，重足而立，拑口而不言。是以三主失道，忠臣不敢谏，智士不敢谋，天下已乱，奸不上闻，岂不哀哉！先王知雍蔽之伤国也，故置公卿大夫士，以饰法设刑，而天下治。其强也，禁暴诛乱而天下服。其弱也，五伯征而诸侯从。其削也，内守外附而社稷存。故秦之盛也，繁法严刑而天下振；及其衰也，百姓怨望而海内畔矣。故周五序得其道，而千余岁不绝。秦本末并失，故不长久。由此观之，安危之统相去远矣。野谚曰『前事之不忘，后事之师也』。是以君子为国，观之上古，验之当世，参以人事，察盛衰之理，审权势之宜，去就有序，变化有时，故旷日长久而社稷安矣。

秦孝公据崤函之固，拥雍州之地，君臣固守而窥周室，有席卷天下，包举宇内，囊括四海之意，并吞八荒之心。当是时，商君佐之，内立法度，务耕织，修守战之备，外连衡而斗诸侯，于是秦人拱手而取西河之外。

孝公既没，惠王、武王蒙故业，因遗册，南兼汉中，西举巴、蜀，东割膏腴之地，收要害之郡。诸侯恐惧，会盟而谋弱秦，不爱珍器重宝肥美之地，以致天下之士，合从缔交，相与为一。当是时，齐有孟尝，赵有平原，楚有春申，魏有信陵。此四君者，皆明知而忠信，宽厚而爱人，尊贤重士，约从离衡，并韩、魏、燕、楚、齐、赵、宋、卫、中山之众。于是六国之士有宁越、徐尚、苏秦、杜赫之属为之谋，齐明、周最、陈轸、昭滑、楼缓、翟景、苏厉、乐毅之徒通其意，吴起、孙膑、带佗、兒良、王廖、田忌、廉颇、赵奢之朋制其兵。常以十倍之地，百万之众，叩关而攻秦。秦人开关延敌，九国之师逡巡遁逃而不敢进。秦无亡矢遗镞之费，而天下诸侯已困矣。于是从散约解，争割地而奉秦。秦有余力而制其敝，追亡逐北，伏尸百万，流血漂卤。因利乘便，宰割天下，分裂河山，强国请服，弱国入朝。延及孝文王、庄襄王，享国日浅，国家无事。

及至秦王，续六世之余烈，振长策而御宇内，吞二周而亡诸侯，履至尊而制六合，执棰拊以鞭笞天下，威震四海。南取百越之地，以为桂林、象郡，百越之君俛首系颈，委命下吏。乃使蒙恬北筑长城而守藩篱，却匈奴七百余里，胡人不敢南下而牧马，士不敢弯弓而报怨。于是废先王之道，焚百家之言，以愚黔首。堕名城，杀豪俊，收天下之兵聚之咸阳，销锋铸鐻，以为金人十二，以弱黔首之民。然后斩华为城，因河为津，据亿丈之城，临不测之溪以为固。良将劲弩守要害之处，信臣精卒陈利兵而谁何，天下以定。秦王之心，自以为关中之固，金城千里，子孙帝王万世之业也。

秦王既没，余威震于殊俗。陈涉，瓮牖绳枢之子，甿隶之人，而迁徙之徒，才能不及中人，非有仲尼、墨翟之贤，陶朱、猗顿之富，蹑足行伍之间，而倔起什伯之中，率罢散之卒，将数百之众，而转攻秦。斩木为兵，揭竿为旗，天下云集响应，赢粮而景从，山东豪俊遂并起而亡秦族矣。

且夫天下非小弱也，雍州之地，崤函之固自若也。陈涉之位，非尊于齐、楚、燕、赵、韩、魏、宋、卫、中山之君；鉏櫌棘矜，非铦于句戟长铩也；谪戍之众，非抗于九国之师；深谋远虑，行军用兵之道，非及乡时之士也。然而成败异变，功业相反也。试使山东之国与陈涉度长絜大，比权量力，则不可同年而语矣。然秦以区区之地，千乘之权，招八州而朝同列，百有余年矣。然后以六合为家，崤函为宫，一夫作难而七庙堕，身死人手，为天下笑者，何也？仁义不施而攻守之势异也。

秦并海内，兼诸侯，南面称帝，以养四海，天下之士斐然乡风，若是者何也？曰：近古之无王者久矣。周室卑微，五霸既殁，令不行于天下，是以诸侯力政，强侵弱，众暴寡，兵革不休，士民罢敝。今秦南面而王天下，是上有天子也。既元元之民冀得安其性命，莫不虚心而仰上，当此之时，守威定功，安危之本在于此矣。

秦王怀贪鄙之心，行自奋之智，不信功臣，不亲士民，废王道，立私权，禁文书而酷刑法，先诈力而后仁义，以暴虐为天下始。夫并兼者高诈力，安定者贵顺权，此言取与守不同术也。秦离战国而王天下，其道不易，其政不改，是其所以取之守之者无异也。孤独而有之，故其亡可立而待。借使秦王计上世之事，并殷周之迹，以制御其政，后虽有淫骄之主而未有倾危之患也。故三王之建天下，名号显美，功业长久。

今秦二世立，天下莫不引领而观其政。夫寒者利裋褐而饥者甘糟糠，天下之嗷嗷，新主之资也。此言劳民之易为仁也。乡使二世有庸主之行，而任忠贤，臣主一心而忧海内之患，缟素而正先帝之过，裂地分民以封功臣之后，建国立君以礼天下，虚囹圄而免刑戮，除去收帑污秽之罪，使各反其乡里，发仓廪，散财币，以振孤独穷困之士，轻赋少事，以佐百姓之急，约法省刑以持其后，使天下之人皆得自新，更节修行，各慎其身，塞万民之望，而以威德与天下，天下集矣。即四海之内，皆欢然各自安乐其处，唯恐有变，虽有狡猾之民，无离上之心，则不轨之臣无以饰其智，而暴乱之奸止矣。二世不行此术，而重之以无道，坏宗庙与民，更始作阿房宫，繁刑严诛，吏治刻深，赏罚不当，赋敛无度，天下多事，吏弗能纪，百姓困穷而主弗收恤。然后奸伪并起，而上下相遁，蒙罪者众，刑戮相望于道，而天下苦之。自君卿以下至于众庶，人怀自危之心，亲处穷苦之实，咸不安其位，故易动也。是以陈涉不用汤武之贤，不藉公侯之尊，奋臂于大泽而天下响应者，其民危也。故先王见始终之变，知存亡之机，是以牧民之道，务在安之而已。天下虽有逆行之臣，必无响应之助矣。故曰『安民可与行义，而危民易与为非』，此之谓也。贵为天子，富有天下，身不免于戮杀者，正倾非也。是二世之过也。

襄公立，享国十二年。初为西畤。葬西垂。生文公。

文公立，居西垂宫。五十年死，葬西垂。生静公。

静公不享国而死。生宪公。
宪公享国十二年，居西新邑。死，葬衙。生武公、德公、出子。
出子享国六年，居西陵。庶长弗忌、威累、参父三人，率贼贼出子鄙衍，葬衙。武公立。
武公享国二十年。居平阳封宫。葬宣阳聚东南。三庶长伏其罪。德公立。
德公享国二年。居雍大郑宫。生宣公、成公、缪公。葬阳。初伏，以御蛊。
宣公享国十二年。居阳宫。葬阳。初志闰月。
成公享国四年。居雍之宫。葬阳。齐伐山戎、孤竹。
缪公享国三十九年。天子致霸。葬雍。缪公学著人。生康公。
康公享国十二年。居雍高寝。葬竘社。生共公。
共公享国五年。居雍高寝。葬康公南。生桓公。
桓公享国二十七年。居雍太寝。葬义里丘北。生景公。
景公享国四十年。居雍高寝。葬丘里南。生毕公。
毕公享国三十六年。葬车里北。生夷公。
夷公不享国死，葬左宫。生惠公。
惠公享国十年。葬车里，康景。生悼公。
悼公享国十五年。葬僖公西。城雍。生剌龚公。
剌龚公享国三十四年。葬入里。生躁公、怀公。其十年，彗星见。
躁公享国十四年。居受寝。葬悼公南。其元年，彗星见。
怀公从晋来。享国四年。葬栎圉氏。生灵公。诸臣围怀公，怀公自杀。

肃灵公，昭子子也。居泾阳。享国十年。葬悼公西。生简公。

简公从晋来。享国十五年。葬僖公西。生惠公。其七年，百姓初带剑。

惠公享国十三年。葬陵圉。生出公。

出公享国二年。出公自杀，葬雍。

献公享国二十三年。葬嚣圉。生孝公。

孝公享国二十四年。葬弟圉。生惠文王。其十三年，始都咸阳。

惠文王享国二十七年。葬公陵。生悼武王。

悼武王享国四年。葬永陵。

昭襄王享国五十六年。葬茝阳。生孝文王。

孝文王享国一年。葬寿陵。生庄襄王。

庄襄王享国三年。葬茝阳。生始皇帝。吕不韦相。

献公立七年，初行为市。十年，为户籍相伍。

孝公立十六年，时桃李冬华。

惠文王生十九年而立。立二年，初行钱。有新生婴儿曰『秦且王』。

悼武王生十九年而立。立三年，渭水赤三日。

昭襄王生十九年而立。立四年，初为田开阡陌。

孝文王生五十三年而立。

庄襄王生三十二年而立。立二年，取太原地。庄襄王元年，大赦，修先王功臣，施德厚骨肉，布惠于民。东周与诸侯谋秦，秦使相国不韦诛之，尽入其国。秦不绝其祀，以阳人地赐周君，奉其祭祀。

始皇享国三十七年。葬郦邑。生二世皇帝。始皇生十三年而立。

二世皇帝享国三年。葬宜春。赵高为丞相安武侯。二世生十二年而立。

右秦襄公至二世，六百一十岁。

孝明皇帝十七年十月十五日乙丑，曰：

周历已移，仁不代母。秦直其位，吕政残虐。然以诸侯十三，并兼天下，极情纵欲，养育宗亲。三十七年，兵无所不加，制作政令，施于后王。盖得圣人之威，河神授图，据狼、狐，蹈参、伐，佐政驱除，距之称始皇。

始皇既殁，胡亥极愚，郦山未毕，复作阿房，以遂前策。云『凡所为贵有天下者，肆意极欲，大臣至欲罢先君所为』。诛斯、去疾，任用赵高。痛哉言乎！人头畜鸣。不威不伐恶，不笃不虚亡，距之不得留，残虐以促期，虽居形便之国，犹不得存。

子婴度次得嗣，冠玉冠，佩华绂，车黄屋，从百司，谒七庙。小人乘非位，莫不怳忽失守，偷安日日，独能长念却虑，父子作权，近取于户牖之间，竟诛猾臣，为君讨贼。高死之后，宾婚未得尽相劳，餐未及下咽，酒未及濡唇，楚兵已屠关中，真人翔霸上，素车婴组，奉其符玺，以归帝者。郑伯茅旌鸾刀，严王退舍。河决不可复壅，鱼烂不可复全。贾谊、司马迁曰：『向使婴有庸主之才，仅得中佐，山东虽乱，秦之地可全而有，宗庙之祀未当绝也。』秦之积衰，天下土崩瓦解，虽有周旦之材，无所复陈其巧，而以责一日之孤，误哉！俗传秦始皇起罪恶，胡亥极，得其理矣。复责小子，云秦地可全，所谓不通时变者也。纪季以酅，《春秋》不名。吾读《秦纪》，至于子婴车裂赵高，未尝不健其决，怜其志。婴死生之义备矣。

【译文】

秦始皇帝是秦庄襄王的儿子。庄襄王在赵国做秦国人质时，看见吕不韦的姬妾，很喜欢，就把她娶了过来，生了始皇。始皇在秦昭王四十八年正月生于邯郸。等到出生时，取名为政，姓赵氏。十三岁，庄襄王死了，政继位为秦王。

当时，秦国已经兼并了巴、蜀、汉中，越过宛占有了郢，设置了南郡；往北取得了上郡以东，占有了河东、太原、上党郡；东边到达荥阳，消灭了西周、东周，设置了三川郡。吕不韦做丞相，封邑十万户，号为文信侯。招揽宾客游士，打算吞并天下。李斯为舍人，蒙骜、王齮、麃公等为将军。秦王年幼，即位初期，国家政事交由大臣处理。

晋阳反叛，秦王政元年，将军蒙骜平定了叛乱。二年，麃公率军攻打卷邑，杀死了三万人。三年，蒙骜攻打韩国，夺取了十三个城邑。王齮死了。十月，将军蒙骜攻打魏国的畼邑、有诡。这一年粮食大歉收。四年，攻克畼邑、有诡。三月，撤回了军队。秦国的人质从赵国返回，赵国太子离开秦国回到赵国。十月庚寅，蝗虫从东方飞来，遮蔽了天空。天下瘟疫。百姓缴纳一千石粟米拜爵一级。五年，将军蒙骜进攻魏国，平定了酸枣、燕邑、虚邑、长平、雍丘、山阳城，都是使用武力攻克的，共夺取了二十个城邑。开始设置东郡。冬天打雷。六年，韩国、魏国、赵国、卫国、楚国一起进攻秦国，夺取了寿陵。秦国出兵，五国的军队撤了回来。秦国攻克卫国，进逼东郡，卫君角率领他的支属迁居野王，凭借山险保卫魏国境内的河内地区。七年，彗星先出现在东方，又出现在北方。五月出现在西方。将军蒙骜死了。是因为攻打龙邑、孤邑、庆都，又回军攻打汲邑（而死去的）。彗星又在西方出现了十六天。夏太后死了。八年，秦王的弟弟长安君成蟜率领军队攻打赵国，举兵反叛，死在屯留，他的军吏都被斩首处死，把屯留民众迁徙到临洮。将军壁死了，士卒屯留人蒲鹝反叛，斩断他的尸体。河鱼被大量冲到平地上，秦国人轻车重马地到东边来就地食用。

嫪毐被封为长信侯。赐给他山阳地区，让他居住。宫室、车马、衣服、苑囿、游猎对嫪毐一律不加限制。事无大小都由嫪毐决断。又把河西、太原郡改为嫪毐的封国。九年，彗星出现，有时光芒竟天。攻打魏国的垣邑、蒲阳。四月，秦王住宿在雍地。己酉，秦王举行冠礼，佩带宝剑。长信侯嫪毐作乱阴谋被发觉了，就诈用秦王印信和太后印信调动县邑的军队和警卫士卒、国家骑兵、戎翟首领、舍人，打算进攻蕲年宫，发动叛乱。秦王知道了这个消息，派相国昌平君、昌文君调遣士卒，进攻嫪毐。在咸阳交战，杀死了几百人，（斩首有功的人，）都得到了爵位，宦者参加战斗的，也得到一级爵位。嫪毐等人战败逃跑了。秦王就在全国下令：有活捉嫪毐的，赏钱一百万；杀死嫪毐的，赏钱五十万。全部抓获了嫪毐等人。卫尉竭、内史肆、佐弋竭、中大夫令齐等二十人都被斩首悬挂。又把他们五马分尸，巡行示众，夷灭了他们的宗族。嫪毐的舍人，罪轻的服刑三年。削除爵位迁徙蜀地的有四千多家，居住在房陵。这个月天寒地冻，有被冻死的。杨端和攻打衍氏。彗星出现在西方，又出现在北方，跟随北斗向南移动了八十天。十年，相国吕不韦由于嫪毐的牵连获罪，免去了相国职务。桓齮为将军。齐国、赵国的使者来了，摆酒设筵。齐国人茅焦劝告秦王说：『秦国正在以经营天下为己任，而大王有迁徙母太后的名声，恐怕各国诸侯听到这件事，由此引起背叛秦国。』秦王就去雍地迎接太后，回到咸阳，太后又重新居住在甘泉宫。

秦王大规模地进行搜索，驱逐从诸侯国来的宾客。李斯上书劝阻，秦王就废除了驱逐宾客的命令。他乘机建议秦王，首先攻取韩国，使其他诸侯国感到恐惧。于是秦王派李斯攻打韩国。韩王很忧虑，和韩非商量削弱秦国的力量。大梁人尉缭来到秦国，劝告秦王说：『以秦国的强大力量，（与诸侯相比，）诸侯就像一个郡县的君主。但是我担心诸侯联合起来，不露声色，出其不意地攻打秦国，这就是智伯、夫差、湣王所以灭亡的原因。希望大王不要吝惜财物，贿赂他们有权势的大臣，破坏他们的计划，失去的不过三十万斤黄金，而诸侯则可以全部消灭。』秦王听从了他的建议，每次接见尉缭时都以平等的礼节相待，衣服、饮食也与尉缭一样。尉缭说：『秦王这个人，高鼻梁，细长的眼睛，鸷鸟一样的胸膛，豺狼一样的声音，刻薄寡恩，心如虎狼，处于穷困时容易谦卑下人，得志时也容易吞噬人。我是一个平民百姓，然而接见我时，常常甘居我下。如果秦王得志于天下，天下人都要成为他的俘虏了。不能和他长期相处。』尉缭就逃走了。秦王发觉了，坚决地挽留他，让他做秦国国尉，终于采用了他的计策。而这时李斯主持朝政。

十一年，王翦、桓齮、杨端和攻打邺邑，夺取了九个城邑。王翦攻打阏与、橑杨，把全部士卒合并成一支军队。王翦统率全军，过了十八天，遣返军队中斗食以下的无功人员，十人中推选两人从军。桓齮领兵攻克邺邑、橑杨。十二年，文信侯吕不韦死了，其门人偷偷地埋葬了他的尸体。吕不韦的舍人来哭吊的，如果是晋人就驱逐出境；如果是秦人，俸禄在六百石以上的削除爵位，迁离旧居，五百石以下没有来哭吊的，也迁离旧居，不削除爵位。从此以后，治理国家政事，像嫪毒、吕不韦一样为逆不道的，抄没他的全家，按照这个样子处理。秋天，嫪毒的舍人应该迁徙蜀地的得到了赦免。当时，天下大旱，从六月到八月才下雨。

十三年，桓齮攻打赵国的平阳，杀死了赵国将领扈辄，斩首十万。赵王逃往河南。正月，彗星出现在东方。十月，桓齮攻打赵国。十四年，在平阳进攻赵国军队，夺取了宜安，打垮了赵国军队，杀死了它的将军。桓齮平定了平阳、武城。韩非出使秦国，秦国采纳李斯的计策，把韩非羁留在秦国，韩非死在云阳。韩王请求作为秦国的臣属。

十五年，秦国大举出兵，一支军队到达邺邑，一支军队到达太原，攻下了狼孟。发生地震。十六年九月，派兵接收韩国南阳地区，腾暂时代理郡守。开始下令男子登记年龄。魏国向秦国献纳土地。秦国设置丽邑。十七年，内史腾攻打韩国，抓获了韩王安，兼并了全部韩国领土，把它的领土设置了一个郡，命名为颍川。发生地震。华阳太后死了。发生严重的饥荒。

十八年，大举出兵进攻赵国，王翦统率上地士卒，攻下井陉。杨端和统率河内士卒，羌瘣也率军攻打赵国，杨端和围攻邯郸城。十九年，王翦、羌瘣全部攻占和平定了赵国的东阳地区，抓获了赵王。率兵准备进攻燕国，军队驻扎在中山。秦王来到邯郸，凡是他生在赵国时曾与母亲家里有仇怨的，全部坑杀。秦王从太原、上郡返回秦国。始皇帝的母亲皇太后去世。赵国公子嘉带领他的宗族几百人前往代地，自立为代王，向东与燕国的军队联合起来，驻扎在上谷。这一年发生严重饥荒。

二十年，燕国太子丹担忧秦国的军队来到燕国，心里惶恐不安，派遣荆轲刺杀秦王。秦王察觉了，肢解了荆轲的尸体巡行示众，派王翦、辛胜进攻燕国。燕国、代国出兵攻击秦国军队，秦国军队在易水西边打败了燕国军队。二十一年，王贲进攻荆地。调遣更多的士卒前往王翦军队，于是打垮了燕太子的军队，攻下了燕国的蓟城，得到了太子丹的脑袋。燕王东去聚集辽东兵力，在那里称王。王翦推托有病，告老还乡。新郑反叛。昌平君迁徙到郢地。下大雪，雪有二尺五寸深。

二十二年，王贲进攻魏国，挖沟引河水淹灌大梁，大梁城墙毁坏，魏王请求投降，秦国占领了全部魏国领土。

二十三年，秦王又征召王翦，坚持要起用他，派他率军攻打荆国。攻下陈地以南至平舆一带，俘虏了荆王。秦王巡游到达郢陈。荆将项燕立昌平君为荆王，在淮水南边起兵反秦。二十四年，王翦、蒙武进攻荆地，打败了荆军，昌平君战死，项燕也就自杀了。

二十五年，大举出兵，派王贲为将，率军进攻燕国辽东地区，抓获了燕王喜。回军进攻代国，俘虏了代王嘉。王翦平定了荆国江南地区；降服了越君，设置会稽郡。五月，天下欢聚宴饮。

二十六年，齐王建和齐相后胜调遣军队防守西部边界，不与秦国来往。秦国派将军王贲从燕国南下进攻齐国，俘虏了齐王建。

秦国刚刚兼并天下，下令丞相、御史说：『前些时候韩王交出土地，奉献国王的印章，请求成为藩臣。不久背弃了约定，与赵国、魏国联合起来背叛秦国，所以我兴兵讨伐，俘虏了韩王。我以为这是件好事，大概可以偃兵息革了。赵王派他的丞相李牧来签订盟约，所以送回了他做人质的儿子。不久赵国背叛了盟约，在我国太原起兵反抗，所以我兴兵讨伐，抓获了它的国王。赵国公子嘉自立为代王，所以我又发兵消灭了他。魏王最初说定臣服秦国，不久与韩国、赵国阴谋袭击秦国，秦国吏卒前往讨伐，摧毁了魏国。荆王献纳青阳以西的土地，不久违背约定，进攻我国南郡，所以我发兵讨伐，抓到了荆国国王，平定了荆地。燕王头昏脑乱，他的太子丹暗中指使荆轲做贼，秦国吏卒前去讨伐，灭亡了他的国家。齐王采用后胜的计策，不让秦国使者进入齐国，打算兴兵作乱，我派吏卒去讨伐，俘虏了齐国国王，平定了齐地。我这微不足道的人，发兵诛暴讨乱，靠着祖先宗庙的威灵，六国国王都已各服其罪，天下完全平定了。现在不改换名号，就不能颂扬建立的功业，流传后世。希望议论一下帝王的称号。』丞相王绾、御史大夫冯劫、廷尉李斯等都说：『过去五帝管辖千里见方的地区，在这个地区之外的侯服、夷服，有的诸侯朝贡，有的诸侯不朝贡，天子不能控制。现在陛下调遣义军，诛暴讨贼，平定天下，四海之内，设置郡县，统一法令，这是从上古以来所没有过的，五帝也望尘莫及。我们谨慎地和博士讨论，都说：「古代有天皇，有地皇，有泰皇，泰皇最高贵。」我们冒着死罪献上尊号，王称为「泰皇」。天子之命称为「制」，天子之令称为「诏」，天子自称叫「朕」。』秦王说：『去掉「泰」字，留下「皇」字，采用上古表示地位称号的「帝」字，叫作「皇帝」。其他遵照议定的意见。』（对已经决定了的名号，）下达制命说：『可以。』追尊庄襄王为太上皇。皇帝下达制命说：『我听说远古有称号，没有谥号，中古有称号，死后根据生前行迹确定谥号。这样做，就是儿子议论父亲，臣子议论君王，很没有意义，我不采取这种做法。从此以后，废除谥法。我是始皇帝。子孙后代用数计算，从二世、三世至于万世，传袭无穷。』

始皇根据五德终始的嬗递次序进行推演，认为周朝得到了火德，秦朝代替周朝的火德，遵循五行相胜的法则现在应是水德的开端。改变一年的首月，十月初一群臣入朝庆贺。衣服、旄旌、节旗都崇尚黑色。数目用六做标准，符、法冠都六寸，舆车宽六尺，六尺为步，驾车用六匹马。把河改名叫德水，作为水德的开始。始皇为政强硬果决，暴戾苛细，事情都依法决断，刻薄严峻，没有仁爱恩德，没有温情道义，认为这样才符合五德演变的原则。于是急迫地加强法制，囚禁很久的罪犯也不赦免。

丞相王绾等建议说：『各国诸侯刚被消灭，燕、齐、荆地辽远，不在那里立王，就没有人来安定燕、齐、荆。请把皇帝的几个儿子立为王，希望得到皇帝的赞成。』始皇把王绾等人的建议交给群臣讨论，群臣都认为很适宜。廷尉李斯建议说：『周文王、周武王所封立的同姓子弟很多，然而后来的族属疏远，互相攻击，如同仇敌，诸侯交相讨伐，周天子不能禁止。现在依靠陛下的神灵统一了天下，都划分成为郡县，皇帝的子弟和功臣，都用国家的赋税重加赏赐，（这种局面，）很容易治理。天下没有二心，这就是国家安定的方法。封立诸侯是不适宜的。』始皇说：『天下苦于无休止的战争，是因为有诸侯王的缘故，依靠宗庙之灵，刚刚平定了天下，再去建立诸侯国，这是自我树敌，而要求得安宁，岂不是很困难的吗！廷尉的建议是正确的。』

把全国划分为三十六郡，郡设守、尉、监。百姓改称『黔首』。天下欢聚宴饮。收集天下兵器，集中在咸阳，熔铸成钟鐻，又铸造了十二个铜人，每一个重一千石，安置在宫廷中。统一法律制度和度量衡标准。统一车子两轮距离。书写采用统一的文字。全国地域东至大海和朝鲜，西至临洮、羌中，南至门朝北开的地区，北据黄河为屏障，顺着阴山直至辽东。把天下豪富十二万户迁徙到咸阳。秦国各王的陵庙和章台、上林苑都在渭水南岸。秦国每消灭一个诸侯国，就描摹它的宫殿，在咸阳北坡上仿效建造，南临渭水，从雍门以东到达泾水、渭水汇流地区，宫殿室宇、空中栈道和缭绕回旋的阁道连续不断。从诸侯国掳掠来的美女、钟鼓，都安置在里面。

二十七年，始皇巡行陇西、北地，来到鸡头山，（返回时）路过回中。于是在渭水南面建造信宫，不久把信宫改名为极庙，象征天极星。从极庙修路通往郦山，又建造了甘泉宫前殿，修筑甬道，连接了与咸阳的交通。这一年，赐予全国民爵一级。修建驰道。

二十八年，始皇向东巡行郡县，登上邹峄山。树立石碑，和鲁地的一些儒生商议，刻写石碑颂扬秦朝的功德，又讨论封禅和望祭山川的事情。于是就登上泰山，树立石碑，积土成坛，祭祀上天。下山时，忽然来了风雨，始皇停留在树下（躲避风雨），因此封这棵树为五大夫。又到梁父辟地为基，祭祀了大地，在所立的石碑上进行刻辞，碑文说：

皇帝即位，创立制度，申明法令，臣下修治严整。二十六年，开始兼并了天下，没有不顺从的。亲自巡视远方的百姓，登上这座泰山，遍览最东边的疆域。随从的臣属回忆走过的道路，探求事业的来龙去脉，恭敬地颂扬秦朝的功德。治国的方法得到贯彻执行，各项生产安排适宜，都有一定的规则。伟大的真理美好而又光明，要流传后世，继承下来，不要改变。皇帝本身神圣，已经平定了天下，仍坚持不懈地治理国家。早起晚睡，谋求长远的利益，特别重视对臣民的教导。有关治国的教诲和法则传播四方，远近都得到治理，完全接受了皇帝的神圣意志。贵贱等级分明，男女依礼行事，谨慎地遵守各自的职责。明显地使内外有别，无不感到清静而纯洁，这种情况要延续到子孙后代。教化所及，无穷无尽，遵循遗留下来的诏令，永远继承这重要的告诫。

于是沿着渤海东行，经过黄县、腄县，攀上成山的最高点，登上之罘的顶峰，树立石碑，颂扬秦朝的德业，然后离去。向南登上琅邪，非常高兴，停留了三个月。把三万户百姓迁徙到琅邪台下，免除十二年徭役。修建琅邪台，立碑刻辞，颂扬秦朝的德业，表明符合天下的意志。刻辞说：

二十八年，刚开始做皇帝。制定了公正的法律制度，这是天下万物的准则。以此来明确人和人之间的关系，使父子同心协力。皇帝神圣明智而又仁义，明白一切事物的道理。向东巡视东部地区，检阅士卒。巡视已经完全结束，就来到了海边。皇帝的功勋，在于辛勤地操劳国家的根本大事。重农抑商，百姓富裕。举国上下，一心一意。器物有一致的标准，统一书写文字。凡是日月所照，舟车所至，都能完成皇帝的使命，他所作所为没有不符合天下意志的。只有皇帝，根据适当的时机来办理事情。整顿不良的风俗，跨山越水，不受地域的限制。优恤百姓，早晚都不懈怠。消除疑虑，制定法令，大家都知道避免触犯刑律。郡守分别管理地方政务，各项政务的处理方法简单易行。采取的措施都恰如其分，没有不整齐划一的。皇帝神明，亲自到四方巡视。尊卑贵贱，不逾越等级。奸诈邪恶的现象不允许存在，百姓都力求做一个正直善良的人。大小事情务尽全力，不敢懈怠荒忽。不论远处近处，还是偏僻的地方，都一心做到严肃庄重，正直忠厚，办事有一定的规则。皇帝的德泽，安定了四方。讨伐暴乱，消除祸患，兴办好事，带来福祉。根据时令来安排事情，各种产品不断增多。百姓安宁，不再进行战争。六亲相安，终身没有盗贼。高兴地遵守国家的教化，人人通晓法律制度。天上地下，四面八方，都是皇帝的领土。西边到达流沙，南边以门朝北开的地方为极限。东边有东海，北边越过了大夏。人们足迹所至，没有不臣服的。功勋超过了五帝，恩惠施及牛马，人人得到皇帝的德泽，过着安定的生活。

秦王兼并了全国，确定了皇帝这一称号，于是抚巡东部地区，到达琅邪。列侯武城侯王离、列侯通武侯王贲、伦侯建成侯赵亥、伦侯昌武侯成、伦侯武信侯冯毋择、丞相隗林、丞相王绾、卿李斯、卿王戊、五大夫赵婴、五大夫杨樛随从，他们和始皇在海边议论秦朝的功德说：古代称帝的人，领土不过纵横千里，诸侯各自固守自己的疆域，有的朝贡，有的不朝贡，互相侵伐，为暴作乱，残杀无已，然而还是刻金勒石，记载自己的功业。古代五帝、三王，实行的知识教育不一样，法律制度没有明确，借助鬼神的威力，来欺骗远方的百姓，实际情况和称号不相符，所以国家命运不长久。人还没有死去，诸侯就背叛了，法令不能推行。如今皇帝统一了四海之内，把全国分为郡县，天下安宁而和谐。发扬光大宗庙的威灵，服膺真理，广布恩德，名副其实地得到了皇帝这一尊号。群臣一起颂扬皇帝的功德，镌刻在金石上，作为后世的楷模。

立石刻辞已经结束，齐人徐市等上书，说海中有三座神山，名叫蓬莱、方丈、瀛洲，仙人居住在那里。希望斋戒沐浴，和童男童女寻求三座神山。于是派遣徐市挑选童男童女数千人，到海中寻找仙人。

始皇返回的时候，路过彭城，斋戒祈祷，想要从泗水打捞周鼎。让成千人潜入水中寻找，没有找到。于是就向西南走去，渡过淮水，前往衡山、南郡。泛舟江上，来到湘山祭拜。遇上大风，几乎不能渡水上山。始皇问博士说：『湘君是什么神？』博士回答说：『听说是尧的女儿，舜的妻子，死后埋葬在这里。』于是始皇非常生气，让刑徒三千人把湘山上的树木砍光了，全山露出红色的土壤。始皇从南郡取道武关回到咸阳。

二十九年，始皇向东巡游。到了阳武博浪沙，被强盗惊吓了一场。追捕强盗，没有抓获，就命令全国大肆搜查十天。

始皇登上之罘，镌刻石碑。碑文说：

二十九年，在春季第二个月的时候，天气开始暖和起来。皇帝向东巡游，登上了之罘，面对着大海。随从的臣属看到这美好的景色，回忆皇帝的丰功伟绩，追念统一大业的始末。伟大的皇帝开始治理国家，制定了法律制度，彰明纲纪。对外教诲诸侯，普施教化，广布惠泽，阐明道理。六国诸侯奸回邪僻，贪婪乖戾，欲壑无厌，残虐杀戮，永无休止。皇帝哀怜民众，就调遣征伐的大军，奋武扬威。进行正义的讨伐，采取诚信的行动，武威烊耀，远播四方，没有不降服的。消灭了强暴的势力，拯救了百姓，安定了天下。普遍推行严明的法律制度，治理天下，成为永久的准则。伟大啊！普天之下，都遵循皇帝的神圣意志。群臣颂扬皇帝的功勋，请求镌刻在石碑上，记载下来永垂后世，作为永恒的法则。

东面台阁处的石碑刻辞说：

二十九年，皇帝在春天巡游，视察远方。到了海边，就登上之罘，面对着初升的太阳。观望辽阔而又秀丽的景色，随从的臣属都怀念往事，回忆走过的道路是非常光明的。英明法治最初施行的时候，就对国内的坏人坏事进行了清理，对外讨伐强暴的敌人。军威远扬，四方震动，消灭了六国，俘获了它们的国王。开拓领土，统一天下，消除了战乱祸患，永远停止了战争。皇帝圣德明智，治理国家，处理政务，毫不懈怠。创立重大的法律制度，明确设置统一的标准器用，都有一定的规则。有职之臣都遵守本分，知道自己该做些什么，事情没有疑猜之处。百姓发生了变化，远处近处都制度统一，是自古以来最好的时代。每人已经确定了固定的职务，子孙后代循守旧业，永远继承这英明的政治。群臣颂美皇帝的恩德，恭敬地赞扬他的伟大功业，请求在之罘山上立碑刻辞。

不久，就前往琅邪，从上党回到咸阳。

三十年，没有发生重大的事情。

三十一年十二月，把腊祭改名叫『嘉平』。赏赐百姓每里六石米，两只羊。始皇易服出行咸阳，有四个武士随从。夜间出来时，在兰池遇上盗贼，被盗贼所困逼。武士杀死了盗贼，在关中大肆搜查了二十天。粮价一石达到一千六百钱。

三十二年，始皇前往碣石，派燕地人卢生访求羡门、高誓。在碣石城门上刻辞。摧毁城郭，挖通堤防。城门上的刻辞说：

于是调遣军队，诛伐无道，为暴作逆的人被消灭了。用武力平息暴乱，用文治保护无罪的人，全国上下人心归服。加恩论叙有功人员的功劳，连牛马都得到了赏赐，恩惠润泽了大地。皇帝奋武扬威，依靠正义的战争兼并了诸侯，第一次统一了全国，天下太平。拆毁六国的城郭，挖通河堤，铲平险阻。地面上各种军事障碍已经夷平，百姓不再服事徭役，天下安定。男的高兴地耕种他的土地，女的从事她的家庭手工业，各项事业井然有序。各项生产都蒙受皇帝的惠泽，当地的农民和外来的农民，无不安居乐业。君臣颂扬皇帝的功绩，请求镌刻这一石碑，为后世垂示规范。

派韩终、侯公、石生寻访仙人求取长生不死的灵药。始皇巡行北方边境，从上郡回到咸阳。被派入海中寻找仙人的燕地人卢生回来了，因为向始皇报告鬼神之事，就借机献上抄录的图书，上面说『灭亡秦朝的是胡』。始皇就派将军蒙恬发兵三十万，向北攻胡人，掠取河南地带。

三十三年，征发曾经逃亡的罪犯、入赘别人家的男子、商人攻取陆梁地区，设置桂林郡、象郡、南海郡，把有罪应当流徙的人派去戍守。在西北方驱逐匈奴。从榆中沿着黄河往东，直至阴山，（在这一地区）设置三十四个县，在黄河附近修筑要塞。又派蒙恬渡过黄河攻占高阙、阳山、北假地带，修筑亭障来驱逐戎人。迁徙罪犯，安排到刚刚建立的县邑中。禁止民间祭祀。彗星出现在西方。

三十四年，贬斥那些听讼断狱不公平的官吏，让他们去修筑长城和戍守南越地区。

始皇在咸阳宫摆酒设宴，七十个博士上前敬酒祝寿。仆射周青臣颂扬说：『从前秦国的地域不超过一千里，依靠陛下神灵圣明，平定了天下，驱逐了蛮夷，太阳和月亮所能照到的地方，没有不降服的。把各国诸侯的领土置为郡县，人人安居乐业，没有战争之忧，这功业可以流传万世，从远古以来没有人能赶得上陛下的威德。』始皇很高兴。博士齐人淳于越进谏说：『我听说殷周称王天下一千多年，分封子弟和功臣，作为自己的辅助势力。现在陛下拥有天下，而子弟却是平民百姓，偶然出现田常、六卿一样的臣属，无人辅佐，靠什么来挽救呢？事情不效法古代而能长久不败的，我没有听到过。如今青臣当面阿谀，来加深陛下的过错，实在不是忠臣。』始皇把他们的建议交下去讨论。丞相李斯说：『五帝的制度不互相重复，三代的制度不互相因袭，各自都得到治理，不是后代一定要与前代相反，这是时代变化的缘故。如今陛下开创了伟大的事业，建立了万世不朽的功勋，本来不是愚蠢的读书人所能理解的。况且淳于越说的又是三代的事情，有什么可效法的？从前诸侯竞争，用优厚的待遇招揽游学之士。现在天下已经平定，颁布统一的法令，百姓在家则努力从事农业生产和家庭手工业，士人则学习法律禁令。如今这些读书人不向现实学习，而去模仿古代，来指责现行的社会制度，惑乱百姓。我丞相李斯冒着死罪说：古代天下分散混乱，不能统一，所以诸侯同时兴起，人们的言论都称道古代，损害现行的政策，文饰虚言空语，搅乱事物的本来面貌，每人都以为自己的学说是最完善的，非议君主所建立的制度。现在皇帝兼并了天下，分辨是非，确立了至高无上的地位。（而人们仍在）私自传授学问，一起批评国家的法令教化，听到法令下达，就各用自己的学说去议论，回家时在心里非难，出来时街谈巷议，在君主面前自我吹嘘，以此来沽名钓誉，标新立异，认为超人一等，带着下面的一群信徒编造诽言谤语。这种情况不加以禁止，上则君主的权威下降，下则形成党徒互相勾结。禁止出现这种情况才是合适的。我希望史官把不是秦国的典籍全部烧掉。不是博士官所主管的，国内敢有收藏《诗》《书》、诸子百家著作的，都要送到郡守、郡尉那里焚毁。有敢相互私语《诗》《书》的，在闹市处死示众。以古非今的要杀死全族。官吏知情而不检举的，和他同罪。命令下达三十天不烧掉书籍，就在脸部刺上字，成为刑徒城旦。所不烧毁的，有医药、卜筮、农林方面的书籍。如果想要学法令，可以到官吏那里学习。」始皇下达命令说：「可以照此办理。」

三十五年，开辟道路，通过九原，直达云阳，挖山填谷，修建一条笔直的大道连接起来。始皇认为咸阳人口众多，先王的宫廷狭小，听说周文王建都丰，武王建都镐，丰镐之间，是帝王的都城所在。于是就在渭水南岸的上林苑中兴建朝宫。首先建造前殿阿房宫，东西五百步，南北五十丈，殿堂上可以坐一万人，殿堂顶下可以竖立五丈高的旗帜。周围环绕着架起阁道，从殿下直达南山。在南山的山顶上修建标志，作为门阙。在空中架设道路，从阿房宫渡过渭水，与咸阳相连接，以此象征天下阁道越过天河直至营室。阿房宫尚未完工；完工后，想另外选择一个好的名字称呼它。在阿房建造宫殿，所以天下称它阿房宫。隐官刑徒七十多万人，分成几批营造阿房宫，或修建丽山工程。挖运北山的石头，输送蜀地、荆地的木材，都集中到这里。关中共计宫殿三百座，关外四百多座。于是在东海附近朐县境内树立石碑，作为秦国的东门。迁徙三万户居住丽邑，五万户居住云阳，都免除十年的徭役。

卢生劝始皇说：「我和其他人寻找灵芝奇药以及仙人，常常遇不上，好像有东西伤害它们。仙方中要求，君主时时隐蔽行迹，来躲避恶鬼，躲避了恶鬼，真人就来到了。君主居住的地方，臣属知道了，就会妨碍神仙。真人没入水中不会被水浸湿，进入火中不感到热，凌云驾雾，与天地一样长寿。现在您治理天下，不能恬静无欲。希望您居住的宫殿不要让人知道，然后长生不死的仙药大概可以找到。』于是始皇说：『我羡慕真人，自称「真人」，不称「朕」。』就命令咸阳附近二百里内的二百七十座宫殿，用空中架设的道路和地面上的甬道连接起来，把帷帐、钟鼓、美人安置在里面，各种布置不得移动。所临幸之处，如果有人把地点说出去，罪当处死。始皇帝临幸梁山宫，从山上看见丞相随从车骑众多，很不以为然。宫中侍从把这件事告诉了丞相，后来丞相减少了随从的车骑。始皇非常生气地说：『这是宫内的人泄露了我的话。』审问后没有人认罪。这时，下令逮捕当时在他身边的人，全部杀掉。从此以后没有人知道他的行迹在什么地方了。听理国政，群臣受命决断事情，都在咸阳宫。

侯生、卢生一起商量说：『始皇为人天生的刚愎暴戾，自以为是，从诸侯中兴起，吞并了天下，万事称心如意，为所欲为，认为自古以来没有人能赶上自己。专门任用治狱的官吏，治狱的官吏受到宠幸。虽然有博士七十人，只是充数人员，并不信用。丞相和大臣都是接受已经决断的公事，一切依赖皇帝处理。皇帝喜欢采用刑罚杀戮来确立自己的威严，天下人害怕获罪，只想保持禄位，没有人敢竭尽忠诚。皇帝不能听到自己的过失，日益骄横，臣下恐惧而屈服，用欺骗来取得皇帝的欢心。根据秦朝的法律，一人不能兼有两种方伎，方伎不灵验，就处以死刑。然而观察星象云气预测吉凶的人多至三百人，全都学问优秀，（但对皇帝）畏忌阿谀，不敢正面指出他的过错。天下之事不论大小都取决于皇帝，皇帝甚至用秤来称量文书，一天有一定的额数，不达到额数不能休息。贪恋权势至于这种地步，不能给他寻找仙药。』于是就逃走了。始皇听说侯生、卢生逃走的消息，就非常气愤地说：『我以前收取天下书籍，不合时用的全部烧毁。招集了很多文学方术之士，想要使国家太平，这些方士打算炼丹得到奇药。现在听说韩众离去后一直不来复命，徐市等人耗费巨万，最后还是没有得到仙药，只是每天传来一些为奸谋利的事情。我对卢生等人很尊敬，赏赐丰厚，如今诽谤我，来加重我的不仁。在咸阳的一些儒生，我派人查问，有的制造怪诞邪说来惑乱百姓。』于是派御史审问儒生，儒生辗转告发，就能免除自己的罪过。触犯法禁的四百六十多人，全部在咸阳活埋，使全国都知道这件事，借以警戒后人。更多地调发徒隶去戍守边境。始皇长子扶苏劝告说：『天下平定不久，远方百姓尚未安辑，儒生都学习和效法孔子，现在您用严厉的刑罚绳治他们，我担心天下动乱。希望您明察此事。』始皇很生气，派扶苏到北方的上郡监视蒙恬。

三十六年，荧惑接近心宿。有一颗星坠落在东郡，到了地面变为石头，百姓中有人在这块石头上刻写说『始皇帝死而地分』。始皇听到了，派御史挨个审问，没有人认罪，把在石头附近居住的人全部抓起来处死，就用火烧毁这块石头。始皇闷闷不乐，让博士创作《仙真人诗》，等到巡视天下所至之地，传令乐工弹唱。秋天，使者从关东来，夜里经过华阴平舒地方，有人拿着璧玉拦住使者说：『替我送给滈池君。』又趁机说：『今年祖龙死去。』使者问他什么原因，这个人忽然不见，留下他的璧玉走开了。使者向始皇献上璧玉，讲述了事情的全部经过。始皇很长时间沉默无语，后来说：『山野的鬼怪只不过知道一年之内的事情。』退朝后又说：『祖龙是人们的首领。（「今年祖龙死」，说的难道是我吗？）』让御府看这块璧玉，竟然是二十八年出行渡江时沉入水中的那块璧玉。于是始皇使人占卜吉凶，卦象是巡游迁徙就会吉利。迁徙到北河、榆中三万家。赐给爵位一级。

三十七年十月癸丑，始皇出外巡游。左丞相李斯随从，右丞相冯去疾留守。始皇的小儿子胡亥很羡慕，要求跟着去，始皇答应了他。十一月，走到云梦，朝九疑山方向望祭虞舜。浮江而下，观览籍柯，渡过江渚。途经丹阳，到达钱唐。在浙江岸边，看见波涛凶险，就向西走了一百二十里，从江面狭窄的地方渡了过去。登上会稽山，祭祀大禹，又望祭南海，树立石碑，刻辞颂扬秦朝的功德。碑文说：

皇帝建立了丰功伟绩，统一了天下，德惠深远。三十七年，亲自巡行全国，周游观览遥远的地方。于是登上会稽山。视察风俗习惯，百姓都很恭敬。群臣颂扬皇帝的功德，回顾创业的事迹，追溯决策的英明。秦国伟大的皇帝君临天下，开始确定了刑法制度，明白地宣布过去的规章。首次统一了处理政务的法则，审定和区分官吏的职掌，借以建立长久不变的制度。六国的诸侯王独断专行，违谬无信，贪婪乖张，傲慢凶猛，拥众称霸。他们暴虐纵恣，倚仗武力，骄狂自大，屡次挑起战争。做间谍的使者暗中互相联系，进行合纵抗秦，行为邪僻放纵。在内伪饰阴谋诡计，对外侵略秦国边境，因而带来灾难。皇帝出于正义，用武力去讨伐他们，平息了暴乱，消灭了乱贼。圣德宏大而深厚，天地四方，蒙受了无限的恩泽。皇帝统一天下，听理万机，远近都政清民静。运筹和治理天地间的万物，考察事物的实际情况，分别记载它们的名称。不论是尊贵的人还是卑贱的人，都洞察他们的活动，好事坏事都摆在面前，没有隐瞒的情况。纠正人们的过错，宣扬大义，有了儿子而改嫁他人，就是背弃死去的丈夫，不守贞操。把内外隔离开来，禁止纵欲放荡，男女要洁身诚实。做丈夫的和别人的妻子通奸，杀死他也没有罪，这样，男人才能遵守道德规范。做妻子的跑掉另嫁，儿子不能认她做母亲，这样人们都会被廉洁清白的风气所感化。进行大规模的整顿，涤荡不良的风俗习惯，天下百姓接受文明的社会风尚，受到了一种良好的治理。人们都奉规守法，和睦平安，敦厚勤勉，没有不服从国家法令的。百姓德修品洁，人人高兴地遵守统一的规定，欢乐地保持着太平的局面。后世认真地奉行法治，就会无限期地长治久安下去，车船不倾，（国家安稳。）随从的大臣颂扬皇帝的功业，请求镌刻这一石碑，使这美好的记载光垂后世。

返回时经过吴县，从江乘渡江。沿着海边北上，到达琅邪。方士徐市等人到海中寻找神药，几年都没有找到，耗费了很多钱财，害怕受到谴责，就欺骗始皇说：『蓬莱的神药是可以得到的，然而常常苦于鲨鱼的袭击，所以不能到达蓬莱，希望派一些擅长射箭的人和我们一起去，鲨鱼出现就用连弩射死它。』始皇梦中与海神交战，海神像人一样的形状。询问占梦的博士，博士说：『水神是看不到的，（它的到来，）是以大鱼和蛟龙为征候的。现在陛下祷告和祭祀周到而又恭谨，却出现了这个凶恶的海神，应当把它铲除，然后善良的神物就能到来。』于是让到海中去的人携带捕获大鱼的用具，而自己使用连弩，等待大鱼出现时射死它。从琅邪往北到达荣成山，没有见到大鱼。到了之罘，看见了大鱼，射死了一条。于是沿海西行。

到了平原津就病了。始皇厌恶说死，群臣没有人敢提到死的事情。始皇的病日益加重，于是就写了一封盖有皇帝玺印的诏书送给公子扶苏，说：『回来参加我的丧礼，一起在咸阳埋葬我。』诏书已经加封，放在中车府令赵高代替符玺郎掌管印玺符节事务的地方，还没有送给负责传递的使者。七月丙寅，始皇死于沙丘平台。因为始皇死在外面，丞相李斯怕始皇那些儿子以及国内百姓有人造反，就封锁了消息，不举办丧事。把棺材装在辒辌车中，原来亲近的宦官陪乘，所到之地，照旧送上饭食。百官和过去一样上奏国事，宦官就从辒辌车中批准他们所奏之事。只有始皇的儿子胡亥、赵高和五六个亲近的宦官知道始皇已经死去。赵高过去曾经教胡亥学习文字和刑狱法律，胡亥私下对他很亲近。赵高就同公子胡亥、丞相李斯搞阴谋诡计，毁掉了始皇封好送给公子扶苏的诏书，而另外诈称丞相李斯在沙丘接受始皇遗诏，立儿子胡亥为太子。又另写了诏书送给公子扶苏、蒙恬，列举他们的罪状，命令他们自杀。这些事情都记载在《李斯传》中。胡亥等人继续前进，于是从井陉到了九原。正赶上暑天，始皇的辒凉车散发出臭味，就命令随从官员每车装载一石鲍鱼，用来混淆始皇尸体的臭味。

胡亥等人从直道回到咸阳，宣布了始皇死亡的消息。太子胡亥继位，为二世皇帝。九月，把始皇埋葬在郦山。始皇刚即位时，就在郦山开山凿洞，等到统一了全国，把天下各方的七十多万刑徒送到郦山，把隧道一直挖到见水的地方，用铜封锢，然后把棺材安放在里面，仿制的宫殿、百官和各种珍奇宝物都徙置其中，藏得满满的。让工匠制造带机关的弩箭，有人掘墓接近墓室时就会自动射向目标。拿水银做成千川百溪和江河大海，使用机械互相灌注流通，墓中上面各种天象齐备，下面有地上景象万千。利用人鱼的脂肪做蜡烛，估计很长时期不会熄灭。二世说：『先帝后宫的姬妾没有儿子的，放出宫去不太合适。』（于是）都让她们殉葬，死去的非常多。已经把始皇埋葬了，有人说工匠制造机关，奴隶们都知道，奴隶人数众多，就会泄露出去。葬礼结束，已经封藏了墓室的随葬品，又关闭了当中的墓道，放下了最外面一段墓道的大门，把工匠和奴隶全部关死在里面，没有一个逃出去的。在坟上种植草木，像山一样。

二世皇帝元年，二世二十一岁。赵高为郎中令，掌握处理国家事务的权力。二世发布诏令，增加始皇陵庙的祭牲，以及对山川等各种祭祀的礼数。让群臣讨论怎样尊崇始皇庙。君臣都跪在地上磕着头说：『古代天子七庙，诸侯五庙，大夫三庙，（太祖庙）即使是万世之后也不废除。现在始皇为极庙，四海之内都献上本地的产品，增多祭牲的数量，祭礼都很完备，没有什么可增加的了。先王庙有的在西雍，有的在咸阳。按天子的礼仪来说，应当亲自手持酒爵祭拜始皇庙。自襄公以下各庙都废除。所设祖庙共有七座。群臣按照礼仪进行祭祀，尊崇始皇庙为秦国皇帝的祖庙。皇帝还是自称「朕」。』

二世和赵高商量说：『我年龄小，即位不久，百姓还没有归附之心。先帝巡行郡县，来显示力量的强大，用武威压服天下。现在安然不动，不去巡游，就显得软弱无力，这样是没有办法统治天下的。』春天，二世向东巡行郡县，李斯随从。到达碣石，沿海而行，向南来到会稽，又在始皇所立刻石上全部刻写了文字，石碑旁刻上随从大臣的名字，用来显示先帝取得的功绩和隆盛的德业（石碑旁刻写的文字是）：

皇帝说：『这些金石刻辞都是始皇帝镌刻的。现在我继承了皇帝的称号，而这些金石刻辞不称始皇帝，等到天长日久，好像后来嗣位的人刻写的，这同始皇帝取得的功绩和隆盛的德业是不相称的。』丞相大臣李斯、大臣冯去疾、御史大夫大臣德冒着死罪说：『臣下请求把诏书全部刻在石碑上，这样就清楚了。臣下冒着死罪来提出这一要求。』二世下令说：『可以。』

二世到辽东后就返回了。

这时二世采纳赵高的建议，申明法令。私下和赵高商量说：『大臣不顺服，官吏也还势力强大，那些公子一定和我争夺权力，该怎么办呢？』赵高说：『我本来就想说，但没有敢说。先帝的大臣，都是出自几代负有名望的权贵之家，累世功勋，代代相传，为时已久。我赵高一向卑微低贱，如今陛下亲近抬举我，使我的官品居上，掌管宫中事务。大臣们快快不乐，只是表面上顺从我，实际上他们心里并不服气。现在您外出巡行，何不趁这个时机，查究郡县守尉有罪的就处死他，上则威震天下，下则铲除您平生所不满的人。当今这个时代，不能师法文治，而是武力决定一切，希望陛下顺时从势，不要犹豫不决，而群臣还来不及策划造反。您这英明的君主可以收揽起用遗民，低贱的使他高贵，贫穷的使他富有，疏远的亲近他，那就会上下辑睦，国家安定。』二世说：『很好。』于是杀戮大臣和那些公子，假借罪名互相株连，来逮捕地位较低的近侍之臣和三署郎官，没有一个人能够保住他的官位，把六个公子处死在杜县。公子将闾兄弟三人被囚禁在宫中，最后审议他们的罪行。二世派使者对将闾下令说：『你不像大臣的样子，按所犯罪行应当处死，法官将给予法律制裁。』将闾说：『宫廷的礼仪，我未尝敢不服从司仪人的指挥；朝廷上的位次，我未尝敢违背礼节；承命回答问题，我未尝敢词语差错。为什么说我不像大臣的样子呢？希望知道我的罪行之后再死去。』使者说：『我不能参与谋划，只是奉诏办事。』于是将闾仰面连声大呼苍天，喊着说：『天哪！我没有罪！』兄弟三人都涕泪俱下，拔剑自杀。宗室为之震动，恐惧不安。群臣进谏的都认为是诽谤朝廷，大臣拿着俸禄，谄媚讨好，百姓惊恐。

四月，二世回到咸阳，他说：『先帝因为咸阳宫廷狭小，所以兴建阿房宫。殿堂还没有建成，碰上先帝逝世，停止了工程，去郦山覆土筑陵。郦山的工程大体已经结束，如今放弃阿房宫不去完成，就是表明先帝所做的事情是错误的。』又开始修建阿房宫。对外安抚四方夷狄，和始皇的策略一样。把健武的士卒五万人全部调来驻守咸阳，让人教习射御。这些人加上畜养的狗马禽兽，要吃的粮食很多，估计储存的粮食不够吃的，就向下面的郡县调用，把粮食草料运送到咸阳，运送的人都自带粮食，咸阳三百里以内的百姓不能食用这批粮谷，（拿去解决咸阳的缺粮问题。）执法更加严厉苛刻。

七月，屯戍的士卒陈胜等人在过去的荆地起兵造反，建立了张楚。陈胜自封为楚王，住在陈县，派遣将领攻城略地。山东郡县的青年人苦于秦朝官吏的统治，都杀死了他们的守尉令丞起来造反，响应陈涉，相互推立为诸侯王，联合起来向西进军，以讨伐秦朝为名，造反的人多得无法计算。谒者出使东方回来，把叛乱的事情报告了二世。二世非常气愤，把谒者交给了狱吏治罪。后面的使者回来了，二世问他情况，使者回答说：『是一群盗贼，郡守郡尉正在追捕，现在全部抓获了，不值得担忧。』二世很高兴。武臣自封为赵王，魏咎为魏王，田儋为齐王。沛公在沛县起义。项梁起兵于会稽郡。

二年冬天，陈涉所派遣的周章等将领西进，到达戏水，有几十万军队。二世大为震惊，和群臣商量说：『怎么办呢？』少府章邯说：『盗贼已经来到这里，兵众势强，现在调发近处县城的军队为时已晚。郦山刑徒很多，希望赦免他们，发给兵器，让他们出击盗贼。』于是二世大赦天下，派章邯为将领，打垮了周章的军队，周章逃走，章邯在曹阳杀死了周章。二世又增派长史司马欣、董翳协助章邯进攻盗贼，在城父杀死了陈胜，在定陶打垮了项梁，在临济消灭了魏咎。楚地盗贼的有名将领都已经死了，章邯就向北渡过黄河，在巨鹿进攻赵王歇。

赵高劝告二世说：『先帝统治天下的时间很长，所以群臣不敢为非作歹，向先帝提出邪说。现在陛下正是年轻的时候，刚刚即位，怎么能和公卿大臣在朝廷上决议事情呢？如果事情有了差错，就把自己的短处暴露给群臣了。天子自称朕，本来群臣就不应该听到天子的声音。』于是二世常常住在宫中，和赵高决断各种政务。从此以后公卿大臣很少有朝见的机会。盗贼越来越多，关中士卒被调发向东去攻打盗贼的一批接一批。右丞相冯去疾、左丞相李斯、将军冯劫进谏说：『关东成郡的盗贼一块儿起来造反，秦政府出兵讨伐，杀死了很多，然而盗贼还是没有被平息。盗贼这样多，都是因为屯戍边地、水路运载、陆路转输和土木兴作等各种杂泛差役使百姓太劳苦，赋税也过于沉重。希望停止阿房宫的兴建，减少四方边境的屯戍和运输任务。』二世说：『我从韩子那里听说：「尧、舜的栎木屋椽不加整治，茅草屋不加修葺，吃饭用土碗，喝水用瓦盆，即使是供给看守城门的吃食和用品，也不俭薄到这种程度。禹开凿龙门，使大夏畅通，修治河道，疏导积水，引入大海，亲自拿着筑墙的杵和挖土的锹，（两条腿整天泡在泥水里，）小腿上的毛都掉光了，奴仆的劳苦程度也不比这更厉害。」凡是尊贵而掌握了天下的人，应该随心所欲，为所欲为，主要着重宣明法治，下面的臣民不敢胡作非为，以此来统治天下。像那虞、夏的君主，贵为天子，亲自处于穷苦的状况，来顺从百姓，这还有什么法治可言？我尊为万乘之君，却没有万乘之实，我要制造一千乘车驾，设置一万乘的随从徒众，来符合我的万乘之君这一名号。而且先帝起于诸侯，兼并天下，天下已经安定，对外抗御四方夷狄，使边境安宁，兴修宫殿，以显示自己的得意之情，你们看到了先帝功业的开端和发展。如今在我即位的两年之间，成群的盗贼同时并起，你们不能加以禁绝，又想废除先帝所做的事情，这是对上无以报答先帝，其次也是不给我尽忠竭力，凭什么处在现在的职位上？』把冯去疾、李斯、冯劫交给狱吏囚禁，审查追究他们的其他各种罪行。冯去疾、冯劫说：『将相不能身受侮辱。』自杀而死。李斯最后被监禁狱中，遭受了各种刑罚。

三年，章邯等人率领他们的军队包围巨鹿，楚国上将军项羽带领楚国士卒前往援救巨鹿。冬天，赵高做了丞相，彻底审查李斯，杀死了他。夏天，章邯等人在战场上屡次退却，二世派人斥责章邯，章邯心里恐惧，派长史司马欣请示事情。赵高不肯接见，又不信任他。司马欣很害怕，就逃走了。赵高派人追捕，没有追上。司马欣见到章邯说：『赵高在朝廷中操纵大权，将军有功也要被杀，无功也要被杀。』项羽迅速地攻打秦军，俘虏了王离，章邯等人就率军投降了各路诸侯。八月己亥，赵高想要作乱，害怕群臣不肯服从，就预先做了一个试验，拿一只鹿献给二世，说：『这是一匹马。』二世笑着说：『丞相错了吧？把鹿说成是马。』赵高问左右大臣，左右大臣有的缄默不语，有的说是马，来阿谀迎合赵高。有的说是鹿，赵高就假借法律暗中陷害那些说是鹿的人。后来大臣们都很惧怕赵高。

赵高以前多次说『关东的盗贼不会有什么作为』，等到项羽在巨鹿俘虏了秦军将领王离等人，继续向前推进，章邯等人的军队屡次退却，上书请求增加兵员，燕、赵、齐、楚、韩、魏都自立为王，从函谷关以东，差不多都背叛了秦朝官吏，响应各路诸侯，诸侯们率领自己的军队向西推进。沛公率领几万人屠毁了武关，派人私通赵高，赵高害怕二世发怒，遭到杀身之祸，就推说有病，不去朝见。二世梦见白色的老虎咬他驾车的左边的那匹马，最后马被咬死了，二世心里闷闷不乐，感到奇怪，就去问占梦的人。占梦的人占卜说：『泾水的水神在作祟。』于是二世在望夷宫斋戒，打算祭祀泾水的水神，沉入水中四匹白马。派使者以有关盗贼的事情去指责赵高。赵高很恐慌，就暗中和他的女婿咸阳令阎乐、他的弟弟赵成商量说：『皇帝不听劝告，如今事已危急，想要嫁祸于我们的家族。我打算废掉二世，另立公子婴做皇帝。公子婴仁爱俭约，百姓都听信他的话。』赵高派郎中令做内应，欺骗说有一大群盗贼来了，命令阎乐叫来官吏发兵追击，又劫持阎乐的母亲，安置在赵高的家里，（逼迫阎乐不能三心二意。）赵高派阎乐带领吏卒一千多人来到望夷宫殿门，把卫令仆射捆绑起来，说：『盗贼跑进这里，为什么不加阻止？』卫令说：『四周墙垣内的庐舍设有士卒，防卫非常严谨，盗贼怎么敢闯入宫内？』阎乐就杀了卫令，带领吏卒直入宫内，一边走，一边射箭，郎官和宦者大为惊慌，有的逃窜，有的上前搏斗，搏斗的人都被杀死，死了几十人。郎中令和阎乐一起进入二世住处，用箭射向二世坐息的帷帐。二世大怒，叫来了左右侍从人员，左右侍从人员都惶恐纷扰，不上前搏斗。身边有一个宦官，陪侍着二世，不敢走掉。二世逃入室内，对陪侍的宦官说：『你为什么不早告诉我？（现在）竟到了这种地步！』宦官说：『我不敢说，所以能保住性命。假如我早说了，就已经被杀死，哪里会活到现在？』阎乐上前来到二世面前，列举他的罪状说：『你骄横纵恣，屠杀吏民，无道已极，天下百姓一起背叛了你，你自己做打算吧。』二世说：『我可以见见丞相吗？』阎乐说：『不可以。』二世说：『我希望得到一个郡，去做一郡之王。』阎乐不答应。又说：『我愿做万户侯。』阎乐仍不答应。二世说：『希望和妻子儿女成为平民百姓，和那些公子一样。』阎乐说：『我受命于丞相，替天下百姓处死你，虽然你说了很多话，我不敢向丞相报告。』阎乐指挥他的士卒向前进击。二世自杀。

阎乐回来报告赵高，赵高就把所有大臣和公子都召集起来，告诉他们杀死二世的情况。赵高说：『秦本来是诸侯王国，始皇君临天下，所以号称皇帝。现在六国又都各自建立了政权，秦国地域日益缩小，竟仍然称帝，空有其名，这是不可以的。应该像过去一样称王，这样比较适宜。』就立二世哥哥的儿子公子婴为秦王。用百姓的礼仪把二世埋葬在杜县南面的宜春苑中。赵高让子婴斋戒，到宗庙参拜祖先，接受秦王印玺。斋戒了五天，子婴和他的两个儿子商量说：『丞相赵高在望夷宫杀死二世，害怕群臣诛伐他，就假装以大义为名，立我为王。我听说赵高和楚约定，由他消灭秦国宗室，在关中称王。现在让我斋戒，拜见祖庙，这是想要趁我在祖庙的时候杀死我。我就说有病不去，丞相一定亲自来我这里，来时就杀死他。』赵高好几次派人去请子婴，子婴不去，赵高果然亲自来了，说：『国家大事，你怎么不去？』子婴就在斋戒的宫室里刺死了赵高，全部处死赵高家的三族，在咸阳示众。子婴做了四十六天秦王，楚将沛公打垮了秦军，进入武关，来到霸上，派人去让子婴签约投降。子婴就用丝带系着脖子，白马素车，捧着天子的印玺和符节，在轵道旁投降。于是沛公进入咸阳，封闭宫室府库，回军霸上，过了一个多月，各路诸侯的军队到了，项羽为诸侯联军的领袖，杀死了子婴和秦公子的宗族。屠毁咸阳，焚烧宫室，俘虏了秦国子弟和妇女，把珍宝财物搜刮在一起，诸侯们共同瓜分了。消灭了秦国以后，把它的土地分为三部分，（封立三个王，）名叫雍王、塞王、翟王，号称三秦。项羽为西楚霸王，负责分封天下诸侯王，秦朝最后灭亡了。过了五年，汉朝统一了全国。

太史公说：秦国的祖先伯翳，曾在唐、虞之际建立了功勋，获得了土地，被赐予嬴姓。到了夏、殷之间，势力衰微分散。及至周朝没落，秦国兴起，在西垂建筑了城邑。从缪公以来，渐渐蚕食诸侯，统一事业最后由始皇完成了。始皇自认为功劳超过了五帝，疆域比三王还广阔，耻于和三王五帝相提并论。贾生的论述非常好。他说：

秦兼并了各个诸侯国，山东三十多郡，缮治津渡和关口，占据险隘和要塞，训练军队，加以防守。然而陈涉率领几百个散乱的戍卒，振臂大呼。不用弓戟一类的兵器，只用锄、耰、木棍，（军无存粮，）走到哪里，吃到哪里，横行天下。秦人有险阻而不能固守，有关口桥梁而不能封锁，有长戟而不能刺杀，有强弩而不能发射。张楚的军队深入腹地，在鸿门作战，连越过篱笆一样的困难都没有。于是山东大乱，诸侯同时并起，豪杰俊士互相推立为王。秦派章邯率军东征，章邯在外利用自己统率的军队相要挟，猎取私利，图谋他的君王。群臣不讲信用，从这里就可以看出来了。子婴立为王，最终也没有醒悟。如果子婴具有一般君主的能力，只要得到中等才能的辅佐大臣，山东虽然叛乱，秦国故地还是可以保全的，宗庙祭祀不会断绝。

秦地背山带河，地势险固，是四面都有屏障和要塞的国家。从缪公以来，至于秦王，有二十多个君主，常常称雄于诸侯。难道秦国世世代代都是贤明的君主吗？那是它的地理形势所造成的。而且天下曾经同心协力进攻秦国。在这个时候，贤人智者会集，优秀的将领统率指挥军队，贤明的宰相互相交流彼此的谋略，然而被险峻的地形所困阻，不能前进。秦就给他们敞开关门，引诱敌人深入，进行交战，于是六国百万之众败逃，土崩瓦解。这难道是武力和智慧不足吗？是地形不利，形势不便的缘故。秦国把小聚邑合并成大城市，在险阻要塞驻军防守，高筑营垒，不去交战，封锁关口，占据险隘，持戟把守这些地方。诸侯都是从平民百姓中起来的，以利相合，没有素王那样的德操。他们的交谊并不亲密，他们的下属还没有诚心归服，表面以灭秦为名，实际上图谋私利。他们看到秦国地势险阻，难以侵犯，必然撤军。秦使百姓休养生息，等待诸侯的衰败，收养贫弱，扶持疲困，来向大国诸侯发号施令，不怕不得意于天下。贵为天子，富有天下，而自己被抓去成为俘虏，是因为他挽救败亡的策略不正确。

秦王骄傲自满，不虚心下问，因循错误而不进行变革。二世继承下来，沿袭不改，残暴凶虐，加重了祸患。子婴势孤力单，没有亲近的人，地位危险脆弱，无人辅助。这三个君主一生迷惑不悟，国家灭亡，不是应该的吗？在这个时候，世上不是没有深谋远虑、知权达变之士，然而所以不敢尽忠直谏，纠正错误，是因为秦国习俗有很多禁忌，忠诚的话还没有说完，而自己已被杀害。所以天下之士，侧耳听命，叠足而立，闭口不言。这三个君主丧失了治国的原则，忠臣不敢直言规劝，智士不敢出谋划策，天下已经大乱，奸邪的事情没有人向君主报告，这难道不是太可悲了吗！先王知道上下壅塞蒙蔽会损害国家利益，所以设置公卿、大夫、士，以整饬法令，建立刑罚，而使天下太平。国势强盛时，能够禁止残暴，讨伐叛乱，天下归服。国势弱小时，有五霸代替天子征讨，诸侯顺从。国势衰削时，内有所守，外有所附，国家可以存而不亡。秦国强盛时，法令繁密，刑罚严酷，天下震恐。到了它衰落时，百姓怨恨，天下叛离。周朝天子依次得到了治国的规律，所以一千多年间，国运不绝。秦朝本末俱失，因此国祚短促。由此看来，国家安危的基础相差太远了。民间俗话说『前事不忘，后事之师』。因此有道德修养的人治理国家，观察远古的得失，考察当代的所作所为，参酌人的因素，了解盛衰的道理，明悉权力威势的恰当运用，弃取有一定的次序，变革有适当的时间，所以历时久远，而国家安定。

秦孝公据守崤山、函谷关这样坚固的地方，拥有雍州地域，君臣坚守自己的国土，窥视周朝的政权，有席卷全国、收取天下、囊括四海的意图，吞并八方的心愿。在这个时候，商君辅佐秦孝公，对内建立法治和各种制度，致力于耕织，整修攻守的武器，对外采取连衡的策略，使诸侯互相争斗，于是秦国人轻而易举地取得了西河以外的一片土地。

孝公死后，惠王、武王继承旧业，沿用遗留下来的策略，向南兼并了汉中，向西攻占了巴、蜀，向东割取了肥沃的地方，获得了地势险要的郡县。诸侯恐惧，开会结为同盟，商量削弱秦国，不吝惜奇珍异宝和肥美的土地，用来罗致天下之士，合纵缔盟，互相结合在一起。这时，齐国有孟尝君，赵国有平原君，楚国有春申君，魏国有信陵君。这四个人，都明智忠信，宽厚爱人，尊贤重士，相约以合纵来破坏秦国的连横策略，集合了韩、魏、燕、楚、齐、赵、宋、卫、中山的士卒。当时六国之士有宁越、徐尚、苏秦、杜赫这一类人为各国出谋划策，齐明、周最、陈轸、昭滑、楼缓、翟景、苏厉、乐毅这一伙人沟通各国的意见，吴起、孙膑、带佗、兒良、王廖、田忌、廉颇、赵奢这一批人训练和统率各国的军队。常常用十倍于秦的土地，上百万大军，冲击函谷关，进攻秦国。秦人开关迎战，九国军队徘徊逃遁，不敢前进。秦国没有耗费一箭一镞，而天下诸侯已处于困境。于是合纵瓦解，盟约废弃，争先恐后地割地奉献给秦国。秦国有余力来利用各国的短处，追赶败北逃亡的敌人，使百万尸体横卧在地，流的血把大盾都漂浮了起来。趁着战争胜利的便利条件，宰割天下诸侯，把山河一块一块地割取过来，强国请求归附，弱国入秦朝拜。延续到孝文王、庄襄王，在位时间短暂，国家没有发生重大的事情。

等到秦王，继承六代先王遗留下来的功业，挥舞长鞭，驾驭天下，兼并了西周、东周，消灭了各国诸侯，登上帝位，控制了天地四方，手执鞭杖来抽打天下，威震四海。向南取得了百越地区，设置了桂林、象郡，百越的君主低着头，用绳子系着脖子，把生命交给秦国的下级官吏。又派蒙恬到北方修筑长城，守卫边界，使匈奴退却七百多里，胡人不敢南下牧马，武士不敢挽弓复仇。于是废除古代帝王的原则，烧毁诸子百家的典籍，以此来愚弄百姓。毁坏坚固的名城，杀死豪杰俊士，没收全国的兵器，集中在咸阳，把这些兵器销毁，熔铸成钟鐻，又做了十二个铜人，以此来削弱百姓的反抗力量。然后劈开华山作为城垣，利用黄河作为渡口，据守高达亿丈的城池，下临深不可测的溪流，作为固守的凭借。优秀的将领、强劲的弓弩手把守要害的地方，忠实的大臣、精锐的士卒摆开锋利的武器，谁也无可奈何，天下得到安定。秦王的心里，自以为关中地方坚固，就像有千里铜墙铁壁，子孙可以世代做帝王，功业流传千秋万代。

秦王已经死了，余威还远震四夷。陈涉是用破瓮做窗户、用绳捆门轴的穷人家子弟，为人佣耕的农民，而又是流徙之徒，才能赶不上一个中等人，并不具有仲尼、墨翟那样的贤智，陶朱、猗顿那样的财富，插足士卒行列之间，崛起田野之中，率领疲惫散乱的士卒，带着几百个徒众，转身攻秦。砍断树木作为兵器，高举竹竿当作旗帜，天下百姓响应陈涉，云集在一起，携带着粮食，如影相随，山东豪杰俊士同时并起，消灭了秦国。

再说秦国并不弱小，雍州的领土，崤山、函谷关的险固，还是和从前一样。陈涉的地位，并不比齐、楚、燕、赵、韩、魏、宋、卫、中山的君主尊贵；锄耰戟柄，并不比钩戟长矛锋利；被遣送远方戍守的一群人，并不能与九国的军队相抗衡；深谋远虑，行军用兵的方法，比不上过去的谋士。然而成败情况大不相同，所建立的功业大小截然相反。如果拿山东各诸侯国与陈涉比较长短大小，衡量权势和力量，则是不能相提并论的。秦凭借小小的一块领土，一千辆兵车的力量，招致八州诸侯国，使与自己地位同等的诸侯来秦朝见，（这种情况）已有一百多年。然后把天地四方当成自己的家私，用崤山、函谷关作为宫垣，（但是，）一人发难，宗庙全部毁灭，死在别人手中，被天下人笑话，这是为什么呢？是因为不施行仁义，进退攻守的形势发生了变化的缘故。

秦国统一了四海之内，兼并了各国诸侯，南面称帝，来抚养海内百姓，天下之士闻风倾服，如此局面是什么原因呢？可以回答说：这是因为近古以来很长时间没有帝王的缘故。周室衰微，五霸已经去世，天子政令在全国不能下达，因此诸侯使用武力进行征伐，强国侵略弱国，人口多的欺压人口少的，战争连绵不断，百姓疲敝。现在秦王南面而坐，称王天下，是在上面有了一个天子。凡是庶民百姓都希望能人生安定，没有不虚心敬仰天子的。在这个时候，保持威势，巩固功业，国家安危的关键就在这里。

秦王怀着贪婪卑鄙的心理，运用一己私智，不信任功臣，不亲近士民，废弃仁义治国的原则，树立个人的权威，禁止典籍流传，使刑法残酷，以权术暴力为先，以仁义为后，把暴虐作为统治天下的开端。兼并天下的人崇尚权术暴力，安定天下的人重视顺应民心，知权达变，这就是说攻取征战和持盈守成在方法上是不同的。秦摆脱了战国纷争的局面，称王天下，它的统治原则没有更替，它的政令没有改变，它用以创业和守业的方法没有什么差异。秦王（没有分封子弟功臣），孤单一人占有天下，所以他很快地灭亡了。假使秦王能够考虑一下上古的事情，以及殷、周兴衰的踪迹，来制定和实行他的政策，后世虽然有骄奢淫逸的君主，也不会出现危亡之患。所以三王建立国家，名号显扬而完美，功业传世长久。

如今秦二世即位，天下百姓无不伸长脖子来观察他的政令。挨冷受冻的人有件粗布短衣就很满意，饥饿难忍的人觉得糟糠也是甜美的，天下百姓饥寒哀吟，正是新皇帝（治国安民）的资本。这就是说对于劳苦的民众容易实行仁政。如果过去二世具有一般君主的德行，而任用忠臣贤士，君臣同心，把天下百姓的苦难挂在心上，在穿着丧服的时候就纠正先帝的错误，割裂疆土，划分民户，分封给功臣的后裔，让他们创立诸侯王国，设置君主，用礼制治理天下，使监狱空无一人，百姓免遭刑戮，废除收捕罪人妻子儿子为徒隶和各种污秽的罪名，让罪犯回到他们的家乡，打开贮藏粮食的仓库，散发钱财，用来救济孤独穷困的人，轻徭薄赋，帮助百姓解决困急，减少刑罚，只有等到礼义教化无效时才运用刑罚，使天下百姓都能得到重新做人的机会，改变态度，修养品德，每人都谨慎地立身处世，满足千千万万民众的愿望，使用威震天下的仁德来治理全国，全国就会安定了。那么四海之内，都欢欢喜喜，各自安居乐业，唯恐发生变化，虽然有狡诈顽猾的人，天下百姓也没有背叛皇帝的想法，（这样，）行为不轨的大臣就无法掩饰他的阴谋诡计，不再发生暴乱一类的邪恶事件。二世不实行这种治国方法，而是更加暴虐无道，损害国家和人民，又开始修筑阿房宫，刑罚繁细，严于诛杀，官吏处置事情刻薄残酷，赏罚不当，无限制地征收赋税，天下事情繁多，官吏都不能全部办理，百姓穷困，而君主不去安抚救济。于是奸诈邪伪的事情一起爆发，上下互相隐瞒，获罪的人很多，受刑被杀的人充塞道路，天下百姓痛苦不堪。从卿相以下至于庶民百姓，人人怀着自危的心情，亲身处在穷困苦难的境地，都不安心自己的地位，所以很容易动摇。陈涉不必利用商汤、周武王那样优秀的才能和德行，不必凭借公侯一样尊贵的地位，在大泽乡奋臂而起，天下响应，这是由于百姓心怀危惧的缘故。古代先王洞察事物从始至终的变化，知道国家存亡的契机，因此，统治人民的原则，在于尽力使人民安定而已。（这样，）天下虽然有倒行逆施的臣子，但一定不会得到人民的响应和帮助。所以常言说『生活安定的人民可以和他们一起奉公守法，而危惧不安的人民容易和他们一起为非作歹』，就是说的这个道理。贵为天子，拥有天下的财富，自身没有免遭杀害，是因为挽救危亡的方法不正确。这是二世的错误。

襄公即位，在位十二年。开始修建西畤。襄公埋葬在西垂。生了文公。

文公即位，居住西垂宫。在位五十年死去，埋葬在西垂。生了静公。

静公没有即位就死了。生了宪公。

宪公在位十二年，居住西新邑。死后埋葬在衙邑。生了武公、德公、出子。

出子在位六年，居住西陵。庶长弗忌、威累、参父三个人，率领盗贼在鄙衍把出子杀害了，埋葬在衙邑。武公嗣立。

武公在位二十年。居住平阳封宫。埋葬在宣阳聚东南。三个庶长伏法被诛。德公嗣立。

德公在位两年。居住雍邑大郑宫。生了宣公、成公、缪公。埋葬在阳邑。开始规定三伏节令，在城郭四门杀狗，禳除暑热瘟疫。

宣公在位十二年。居住阳宫。埋葬在阳邑。开始记载闰月。

成公在位四年，居住在雍邑的宫殿里。埋葬在阳邑。齐国讨伐山戎、孤竹。

缪公在位三十九年。天子给予霸主的地位。埋葬在雍邑地区。缪公向宫殿门、屏之间的守卫人员学习。生了康公。

康公在位十二年。居住雍邑高寝。埋葬在竘社。生了共公。
共公在位五年。居住雍邑高寝。埋葬在康公南面。生了桓公。
桓公在位二十七年。居住雍邑太寝。埋葬在义里丘北面。生了景公。
景公在位四十年。居住雍邑高寝。埋葬在丘里南面。生了毕公。
毕公在位三十六年。埋葬在车里北面。生了夷公。
夷公没有即位就死了，埋葬在左宫。生了惠公。
惠公在位十年。埋葬在车里。车里位于康公、景公二墓之间。生了悼公。
悼公在位十五年。埋葬在僖公西面。在雍邑筑城。生了剌龚公。
剌龚公在位三十四年。埋葬在入里。生了躁公、怀公。剌龚公十年，彗星出现。
躁公在位十四年。居住受寝。埋葬在悼公南面。躁公元年，彗星出现。
怀公从晋国返回。在位四年。埋葬在栎圉。生了灵公。群臣围攻怀公，怀公自杀。
肃灵公是昭子的儿子。居住泾阳。在位十年。埋葬在悼公西面。生了简公。
简公从晋国返回。在位十五年。埋葬在僖公西面。生了惠公。简公七年，百姓开始佩带剑器。
惠公在位十三年。埋葬在陵圉。生了出公。
出公在位两年。出公自杀，埋葬在雍邑。
献公在位二十三年。埋葬在嚣圉。生了孝公。
孝公在位二十四年。埋葬在弟圉。生了惠文王。孝公十三年，开始建都咸阳。
惠文王在位二十七年。埋葬在公陵。生了悼武王。
悼武王在位四年。埋葬在永陵。

昭襄王在位五十六年。埋葬在雍阳。生了孝文王。

孝文王在位一年。埋葬在寿陵。生了庄襄王。

庄襄王在位三年。埋葬在雍阳。生了始皇帝。吕不韦为丞相。

献公即位七年，开始设置市场，进行贸易。十年，建立户籍，按五家为一伍进行编制。

孝公即位十六年，当时桃树李树在冬天开花。

惠文王生后十九年即位。即位两年，开始铸造发行钱币。有一个刚生下来的婴儿说『秦国将要称王天下』。

悼武王生后十九年即位。即位三年，渭水红了三天。

昭襄王生后十九年即位。即位四年，开始在耕地上设置新田界。

孝文王生后五十三年即位。

庄襄王生后三十二年即位。即位两年，攻取了太原地区。庄襄王元年，大赦天下，崇敬先王的功臣，广施恩德，亲厚宗室骨肉，播惠于百姓。东周和各国诸侯图谋秦国，秦国派相国吕不韦消灭了东周，兼并了它的国土。秦国不断绝它的祭祀，把阳人地区赐予周君，在那里奉事周先祖的祭祀。

始皇在位三十七年。埋葬在郦邑。生了二世皇帝。始皇生后十三年即位。

二世皇帝在位三年。埋葬在宜春。赵高为丞相，封安武侯。二世生后十二年即位。

右秦襄公至二世，六百一十年。

孝明皇帝十七年十月十五日乙丑，班固说：

周朝的历数已经过去了，按照仁德规范，处在子位的王朝不能代替母位的王朝的位置。（秦对周来说，应处在子位，）它却自居母位，（成为历史发展规律以外的一个多余的王朝，因此，）吕政为政残酷暴虐，却能以十三岁的一个诸侯，兼并了天下，放纵情欲，抚养宗族。三十七年之间，兵锋无所不至，制定政令，传给以后的帝王。他大概得到了圣人的神威，河神给了他图录，身据狼、狐，脚踏参、伐，上天帮助他驱除天下，最后终于（统一天下），号称始皇。

始皇死后，胡亥极端愚蠢，郦山工程还没有结束，又去继续修建阿房宫，来完成以前始皇遗留下来的计划。说什么『凡是尊贵而掌握了天下的人，应随心所欲，为所欲为，大臣们竟然想废除先君所做的事情』。他杀死了李斯、冯去疾，任用赵高。二世说的话，真是令人痛心啊！长着人头，说的话却像畜生叫唤。不凭借帝王威势就不能夸耀自己的邪恶，邪恶不积累很多就不会轻易灭亡，到了君位无法保持时，残酷暴虐使在位时间更加短促，虽然占据地形有利的国土，还是不能存身立国。

子婴按照次序嗣立为王，头戴玉冠，身佩华丽的系印丝带，车子使用黄缯做盖里，身后随从百官，拜谒列祖的灵庙。如果小人登上不符合自己身份的位子，都会恍恍惚惚，若有所失，天天苟且偷安，而子婴却能做长远打算，排除忧虑，父子使用计谋，就近在门户之内，竟然杀死了狡猾的奸臣，替已死的皇帝诛戮了这个贼子。赵高死后，宾亲姻娅还没有全部慰劳，饭还没有来得及咽下去，酒还没有来得及沾着嘴唇，楚国士卒已经屠戮关中，仙人翔至霸上，子婴素车白马，用丝带系着脖子，捧着他的符节和印玺，来归降真正的皇帝。真有点像当年郑伯左持茅旌，右执鸾刀，楚庄王后撤七里。黄河决口不能再堵塞，鱼腐烂了不能再使它完整。贾谊、司马迁说：『如果当时子婴具有一般君主的能力，只要得到中等才能的辅佐大臣，山东虽然叛乱，秦国故地还是可以保全的，宗庙祭祀不会断绝。』秦国的衰败局面是日久天长积聚而成，天下土崩瓦解，虽然有周旦这样的人才，也无法再施展他的聪明才智，去责备即位短暂的一个君主，那是错误的！民间流传一种说法，认为罪恶起源于秦始皇，胡亥时登峰造极，这一看法是有道理的。贾谊、司马迁又责备子婴，说是秦国故地可以保全，这就是所说的不懂得形势变化的人。（齐国将要吞灭纪国，）纪季把巂邑送给齐国，（成为齐国的附庸，使纪国的宗庙祭祀保存下来，）《春秋》赞美他，（记载这件事时，）不直呼其名。（纪季就是一个通权达变的人。）我读《秦纪》，读到子婴车裂赵高，未尝不认为他的决断果敢而雄武，对他的心意表示同情。子婴就死生大义而言，是很完备的。

孔子世家第十七

孔子生鲁昌平乡陬邑。其先宋人也，曰孔防叔。防叔生伯夏，伯夏生叔梁纥。纥与颜氏女野合而生孔子，祷于尼丘得孔子，鲁襄公二十二年而孔子生。生而首上圩顶，故因名曰丘云。字仲尼，姓孔氏。

丘生而叔梁纥死，葬于防山。防山在鲁东，由是孔子疑其父墓处，母讳之也。孔子为儿嬉戏，常陈俎豆，设礼容。孔子母死，乃殡五父之衢，盖其慎也。陬人輓父之母诲孔子父墓，然后往合葬于防焉。

孔子要绖，季氏飨士，孔子与往。阳虎绌曰：『季氏飨士，非敢飨子也。』孔子由是退。

孔子年十七，鲁大夫孟釐子病且死，诫其嗣懿子曰：『孔丘，圣人之后，灭于宋。其祖弗父何始有宋而嗣让厉公。及正考父佐戴、武、宣公，三命兹益恭，故鼎铭云：「一命而偻，再命而伛，三命而俯。循墙而走，亦莫敢余侮。饘于是，粥于是，以糊余口。」其恭如是。吾闻圣人之后，虽不当世，必有达者。今孔丘年少好礼，其达者欤！吾即没，若必师之。』及釐子卒，懿子与鲁人南宫敬叔往学礼焉。是岁，季武子卒，平子代立。

孔子贫且贱。及长，尝为季氏史，料量平；尝为司职吏而畜蕃息。由是为司空。已而去鲁，斥乎齐，逐乎宋、卫，困于陈、蔡之间，于是反鲁。孔子长九尺有六寸，人皆谓之『长人』而异之。鲁复善待，由是反鲁。

鲁南宫敬叔言鲁君曰：『请与孔子适周。』鲁君与之一乘车，两马，一竖子俱，适周问礼，盖见老子云。辞去，而老子送之曰：『吾闻富贵者送人以财，仁人者送人以言。吾不能富贵，窃仁人之号，送子以言，曰：「聪明深察而近于死者，好议人者也。博辩广大危其身者，发人之恶者也。为人子者毋以有己，为人臣者毋以有己。」』孔子自周反于鲁，弟子稍益进焉。

是时也，晋平公淫，六卿擅权，东伐诸侯；楚灵王兵强，陵轹中国；齐大而近于鲁。鲁小弱，附于楚则晋怒；附于晋则楚来伐；不备于齐，齐师侵鲁。

鲁昭公之二十年，而孔子盖年三十矣。齐景公与晏婴来适鲁，景公问孔子曰：『昔秦穆公国小处辟，其霸何也？』对曰：『秦，国虽小，其志大；处虽辟，行中正。身举五羖，爵之大夫，起累绁之中，与语三日，授之以政。以此取之，虽王可也，其霸小矣。』景公说。

孔子年三十五，而季平子与郈昭伯以斗鸡故得罪鲁昭公，昭公率师击平子，平子与孟氏、叔孙氏三家共攻昭公，昭公师败，奔于齐，齐处昭公乾侯。其后顷之，鲁乱。孔子适齐，为高昭子家臣，欲以通乎景公。与齐太师语乐，闻《韶》音，学之，三月不知肉味，齐人称之。

景公问政孔子，孔子曰：『君君，臣臣，父父，子子。』景公曰：『善哉！信如君不君，臣不臣，父不父，子不子，虽有粟，吾岂得而食诸！』他日又复问政于孔子，孔子曰：『政在节财。』景公说，将欲以尼谿田封孔子。晏婴进曰：『夫儒者滑稽而不可轨法；倨傲自顺，不可以为下；崇丧遂哀，破产厚葬，不可以为俗；游说乞贷，不可以为国。自大贤之息，周室既衰，礼乐缺有间。今孔子盛容饰，繁登降之礼，趋详之节，累世不能殚其学，当年不能究其礼。君欲用之以移齐俗，非所以先细民也。』后景公敬见孔子，不问其礼。异日，景公止孔子曰：『奉子以季氏，吾不能。』以季、孟之间待之。齐大夫欲害孔子，孔子闻之。景公曰：『吾老矣，弗能用也。』孔子遂行，反乎鲁。

孔子年四十二，鲁昭公卒于乾侯，定公立。定公立五年，夏，季平子卒，桓子嗣立。季桓子穿井得土缶，中若羊，问仲尼云『得狗』。仲尼曰：『以丘所闻，羊也。丘闻之，木石之怪夔、罔阆，水之怪龙、罔象，土之怪坟羊。』

吴伐越，堕会稽，得骨节专车。吴使使问仲尼：『骨何者最大？』仲尼曰：『禹致群神于会稽山，防风氏后至，禹杀而戮之，其节专车，此为大矣。』吴客曰：『谁为神？』仲尼曰：『山川之神足以纲纪天下，其守为神，社稷为公侯，皆属于王者。』客曰：『防风何守？』仲尼曰：『汪罔氏之君，守封、禺之山，为釐姓。在虞、夏、商为汪罔，于周为长翟，今谓之大人。』客曰：『人长几何？』仲尼曰：『僬侥氏三尺，短之至也。长者不过十之，数之极也。』于是吴客曰：『善哉，圣人！』

桓子嬖臣曰仲梁怀，与阳虎有隙。阳虎欲逐怀，公山不狃止之。其秋，怀益骄，阳虎执怀。桓子怒，阳虎因囚桓子，与盟而醳之。阳虎由此益轻季氏。季氏亦僭于公室，陪臣执国政，是以鲁自大夫以下皆僭离于正道。故孔子不仕，退而修《诗》《书》《礼》《乐》，弟子弥众，至自远方，莫不受业焉。

定公八年，公山不狃不得意于季氏，因阳虎为乱，欲废三桓之嫡，更立其庶孽阳虎素所善者，遂执季桓子。桓子诈之，得脱。定公九年，阳虎不胜，奔于齐。是时孔子年五十。

公山不狃以费畔季氏，使人召孔子。孔子循道弥久，温温无所试，莫能己用，曰：『盖周文、武起丰、镐而王，今费虽小，傥庶几乎！』欲往。子路不说，止孔子。孔子曰：『夫召我者岂徒哉？如用我，其为东周乎！』然亦卒不行。

其后定公以孔子为中都宰，一年，四方皆则之。由中都宰为司空，由司空为大司寇。

定公十年春，及齐平，夏，齐大夫黎鉏言于景公曰：『鲁用孔丘，其势危齐。』乃使使告鲁为好会，会于夹谷。鲁定公且以乘车好往。孔子摄相事，曰：『臣闻有文事者必有武备，有武事者必有文备。古者诸侯出疆，必具官以从。请具左右司马。』定公曰：『诺。』具左右司马。会齐侯夹谷，为坛位，土阶三等，以会遇之礼相见，揖让而登。献酬之礼毕，齐有司趋而进曰：『请奏四方之乐。』景公曰：『诺。』于是旍旄羽袚矛戟剑拨鼓噪而至。孔子趋而进，历阶而登，不尽一等，举袂而言曰：『吾两君为好会，夷狄之乐何为于此！请命有司！』有司却之，不去，则左右视晏子与景公。景公心怍，麾而去之。有顷，齐有司趋而进曰：『请奏宫中之乐。』景公曰：『诺。』优倡侏儒为戏而前。孔子趋而进，历阶而登，不尽一等，曰：『匹夫而营惑诸侯者罪当诛！请命有司！』有司加法焉，手足异处。景公惧而动，知义不若，归而大恐，告其群臣曰：『鲁以君子之道辅其君，而子独以夷狄之道教寡人，使得罪于鲁君，为之奈何？』有司进对曰：『君子有过则谢以质，小人有过则谢以文。君若悼之，则谢以质。』于是齐侯乃归所侵鲁之郓、汶阳、龟阴之田以谢过。

定公十三年夏，孔子言于定公曰：『臣无藏甲，大夫毋百雉之城。』使仲由为季氏宰，将堕三都。于是叔孙氏先堕郈。季氏将堕费，公山不狃、叔孙辄率费人袭鲁。公与三子入于季氏之宫，登武子之台。费人攻之，弗克，入及公侧。

孔子命申句须、乐颀下伐之。费人北。国人追之，败诸姑蔑。二子奔齐，遂堕费。将堕成，公敛处父谓孟孙曰：『堕成，齐人必至于北门。且成，孟氏之保鄣，无成是无孟氏也。我将弗堕。』十二月，公围成，弗克。

定公十四年，孔子年五十六，由大司寇行摄相事，有喜色。门人曰：『闻君子祸至不惧，福至不喜。』孔子曰：『有是言也。不曰「乐其以贵下人」乎？』于是诛鲁大夫乱政者少正卯。与闻国政三月，粥羔豚者弗饰贾；男女行者别于涂；涂不拾遗；四方之客至乎邑者，不求有司，皆予之以归。

齐人闻而惧，曰：『孔子为政必霸，霸则吾地近焉，我之为先并矣，盍致地焉？』黎鉏曰：『请先尝沮之；沮之而不可则致地，庸迟乎！』于是选齐国中女子好者八十人，皆衣文衣而舞《康乐》，文马三十驷，遗鲁君。陈女乐文马于鲁城南高门外。季桓子微服往观再三，将受，乃语鲁君为周道游，往观终日，怠于政事。子路曰：『夫子可以行矣。』孔子曰：『鲁今且郊，如致膰乎大夫，则吾犹可以止。』桓子卒受齐女乐，三日不听政；郊，又不致膰俎于大夫。孔子遂行，宿乎屯。而师己送，曰：『夫子则非罪。』孔子曰：『吾歌可夫？』歌曰：『彼妇之口，可以出走；彼妇之谒，可以死败。盖优哉游哉，维以卒岁！』师己反，桓子曰：『孔子亦何言？』师己以实告。桓子喟然叹曰：『夫子罪我以群婢故也夫！』

孔子遂适卫，主于子路妻兄颜浊邹家。卫灵公问孔子：『居鲁得禄几何？』对曰：『奉粟六万。』卫人亦致粟六万。居顷之，或谮孔子于卫灵公，灵公使公孙余假一出一入。孔子恐获罪焉，居十月，去卫。

将适陈，过匡，颜刻为仆，以其策指之曰：『昔吾入此，由彼缺也。』匡人闻之，以为鲁之阳虎，阳虎尝暴匡人，匡人于是遂止孔子。孔子状类阳虎，拘焉五日。颜渊后，子曰：『吾以汝为死矣。』颜渊曰：『子在，回何敢死！』匡人拘孔子益急，弟子惧。孔子曰：『文王既没，文不在兹乎？天之将丧斯文也，后死者不得与于斯文也。天之未丧斯文也，匡人其如予何！』孔子使从者为宁武子臣于卫，然后得去。

去即过蒲。月余，反乎卫，主蘧伯玉家。灵公夫人有南子者，使人谓孔子曰：『四方之君子不辱欲与寡君为兄弟者，必见寡小君。寡小君愿见。』孔子辞谢，不得已而见之。夫人在绨帷中。孔子入门，北面稽首。夫人自帷中再拜，环佩玉声璆然。孔子曰：『吾乡为弗见，见之礼答焉。』子路不说。孔子矢之曰：『予所不者，天厌之！天厌之！』居卫月余，灵公与夫人同车，宦者雍渠参乘，出，使孔子为次乘，招摇市过之。孔子曰：『吾未见好德如好色者也。』于是丑之，去卫，过曹。是岁，鲁定公卒。

孔子去曹适宋，与弟子习礼大树下。宋司马桓魋欲杀孔子，拔其树。孔子去。弟子曰：『可以速矣。』孔子曰：『天生德于予，桓魋其如予何！』

孔子适郑，与弟子相失，孔子独立郭东门。郑人或谓子贡曰：『东门有人，其颡似尧，其项类皋陶，其肩类子产，然自要以下不及禹三寸，累累若丧家之狗。』子贡以实告孔子。孔子欣然笑曰：『形状，末也。而谓似丧家之狗，然哉，然哉！』

孔子遂至陈，主于司城贞子家。岁余，吴王夫差伐陈，取三邑而去。赵鞅伐朝歌。楚围蔡，蔡迁于吴。吴败越王勾践会稽。

有隼集于陈廷而死，楛矢贯之，石兒，矢长尺有咫。陈湣公使使问仲尼。仲尼曰：『隼来远矣，此肃慎之矢也。昔武王克商，通道九夷百蛮，使各以其方贿来贡，使无忘职业。于是肃慎贡楛矢石兒，长尺有咫。先王欲昭其令德，以肃慎矢分大姬，配虞胡公而封诸陈。分同姓以珍玉，展亲；分异姓以远方职，使无忘服。故分陈以肃慎矢。』试求之故府，果得之。

孔子居陈三岁，会晋、楚争强，更伐陈，及吴侵陈，陈常被寇。孔子曰：『归与归与！吾党之小子狂简，进取不忘其初。』于是孔子去陈。

过蒲，会公叔氏以蒲畔，蒲人止孔子。弟子有公良孺者，以私车五乘从孔子。其为人长贤，有勇力，谓曰：『吾昔从夫子遇难于匡，今又遇难于此，命也已。吾与夫子再罹难，宁斗而死。』斗甚疾。蒲人惧，谓孔子曰：『苟毋适卫，吾出子。』与之盟，出孔子东门。孔子遂适卫。子贡曰：『盟可负邪？』孔子曰：『要盟也，神不听。』

卫灵公闻孔子来，喜，郊迎。问曰：『蒲可伐乎？』对曰：『可。』灵公曰：『吾大夫以为不可。今蒲，卫之所以待晋、楚也，以卫伐之，无乃不可乎？』孔子曰：『其男子有死之志，妇人有保西河之志。吾所伐者不过四、五人。』灵公曰：『善。』然不伐蒲。

灵公老，怠于政，不用孔子。孔子喟然叹曰：『苟有用我者，期月而已，三年有成。』孔子行。

佛肸为中牟宰。赵简子攻范、中行，伐中牟。佛肸畔，使人召孔子。孔子欲往。子路曰：『由闻诸夫子：「其身亲为不善者，君子不入也。」今佛肸亲以中牟畔，子欲往，如之何？』孔子曰：『有是言也。不曰坚乎，磨而不磷；不曰白乎，涅而不淄。我岂匏瓜也哉，焉能系而不食？』

孔子击磬。有荷蒉而过门者，曰：『有心哉，击磬乎！硁硁乎，莫己知也夫而已矣！』

孔子学鼓琴师襄子，十日不进。师襄子曰：『可以益矣。』孔子曰：『丘已习其曲矣，未得其数也。』有间，曰：『已习其数，可以益矣。』孔子曰：『丘未得其志也。』有间，曰：『已习其志，可以益矣。』孔子曰：『丘未得其为人也。』有间，有所穆然深思焉，有所怡然高望而远志焉。曰：『丘得其为人，黯然而黑，几然而长，眼如望羊，如王四国，非文王其谁能为此也！』师襄子辟席再拜，曰：『师盖云《文王操》也。』

孔子既不得用于卫，将西见赵简子。至于河而闻窦鸣犊、舜华之死也，临河而叹曰：『美哉水，洋洋乎！丘之不济此，命也夫！』子贡趋而进曰：『敢问何谓也？』孔子曰：『窦鸣犊、舜华，晋国之贤大夫也。赵简子未得志之时，须此两人而后从政；及其已得志，杀之乃从政。丘闻之也，刳胎杀夭则麒麟不至郊，竭泽涸渔则蛟龙不合阴阳，覆巢毁卵则凤皇不翔。何则？君子讳伤其类也。夫鸟兽之于不义也尚知辟之，而况乎丘哉！』乃还息乎陬乡，作为《陬操》以哀之。而反乎卫，入主蘧伯玉家。

他日，灵公问兵陈，孔子曰：『俎豆之事则尝闻之，军旅之事未之学也。』明日，与孔子语，见蜚雁，仰视之，色不在孔子。孔子遂行，复如陈。

夏，卫灵公卒，立孙辄，是为卫出公。六月，赵鞅内太子蒯聩于戚。阳虎使太子绝，八人衰绖，伪自卫迎者，哭而入，遂居焉。冬，蔡迁于州来。是岁鲁哀公三年，而孔子年六十矣。齐助卫围戚，以卫太子蒯聩在故也。

夏，鲁桓、釐庙燔，南宫敬叔救火。孔子在陈，闻之，曰：『灾必于桓、釐庙乎？』已而果然。

秋，季桓子病，辇而见鲁城，喟然叹曰：『昔此国几兴矣，以吾获罪于孔子，故不兴也。』顾谓其嗣康子曰：『我即死，若必相鲁；相鲁，必召仲尼。』后数日，桓子卒，康子代立。已葬，欲召仲尼。公之鱼曰：『昔吾先君用之不终，终为诸侯笑。今又用之，不能终，是再为诸侯笑。』康子曰：『则谁召而可？』曰：『必召冉求。』于是使使召冉求。冉求将行，孔子曰：『鲁人召求，非小用之，将大用之也。』是日，孔子曰：『归乎归乎！吾党之小子狂简，斐然成章，吾不知所以裁之。』子赣知孔子思归，送冉求，因诫曰：『即用，以孔子为招』云。

冉求既去，明年，孔子自陈迁于蔡。蔡昭公将如吴，吴召之也。前昭公欺其臣迁州来，后将往，大夫惧复迁，公孙翩射杀昭公。楚侵蔡。秋，齐景公卒。

明年，孔子自蔡如叶。叶公问政，孔子曰：『政在来远附迩。』他日，叶公问孔子于子路，子路不对。孔子闻之，曰：『由，尔何不对曰「其为人也，学道不倦，诲人不厌，发愤忘食，乐以忘忧，不知老之将至」云尔。』去叶，反于蔡。长沮、桀溺耦而耕，孔子以为隐者，使子路问津焉。长沮曰：『彼执舆者为谁？』子路曰：『为孔丘。』曰：『是鲁孔丘与？』曰：『然。』曰：『是知津矣。』桀溺谓子路曰：『子为谁？』曰：『为仲由。』曰：『子，孔丘之徒与？』曰：『然。』桀溺曰：『悠悠者天下皆是也，而谁以易之？且与其从辟人之士，岂若从辟世之士哉！』耰而不辍。子路以告孔子，孔子怃然曰：『鸟兽不可与同群。天下有道，丘不与易也。』

他日，子路行，遇荷蓧丈人，曰：『子见夫子乎？』丈人曰：『四体不勤，五谷不分，孰为夫子！』植其杖而芸。子路以告，孔子曰：『隐者也。』复往，则亡。

孔子迁于蔡三岁，吴伐陈。楚救陈，军于城父。闻孔子在陈、蔡之间，楚使人聘孔子。孔子将往拜礼，陈、蔡大夫谋曰：“孔子贤者，所刺讥皆中诸侯之疾。今者久留陈、蔡之间，诸大夫所设行皆非仲尼之意。今楚，大国也，来聘孔子。孔子用于楚，则陈、蔡用事大夫危矣。”于是乃相与发徒役围孔子于野。不得行，绝粮。从者病，莫能兴。孔子讲诵弦歌不衰。子路愠见曰：“君子亦有穷乎？”孔子曰：“君子固穷，小人穷斯滥矣。”

子贡色作。孔子曰：“赐，尔以予为多学而识之者与？”曰：“然。非与？”孔子曰：“非也。予一以贯之。”

孔子知弟子有愠心，乃召子路而问曰：“《诗》云：‘匪兕匪虎，率彼旷野。’吾道非邪？吾何为于此？”子路曰：“意者吾未仁邪！人之不我信也。意者吾未知邪！人之不我行也。”孔子曰：“有是乎！由，譬使仁者而必信，安有伯夷、叔齐？使知者而必行，安有王子比干？”

子路出，子贡入见。孔子曰：“赐，《诗》云：‘匪兕匪虎，率彼旷野。’吾道非邪？吾何为于此？”子贡曰：“夫子之道至大也，故天下莫能容夫子。夫子盖少贬焉？”孔子曰：“赐，良农能稼而不能为穑，良工能巧而不能为顺。君子能修其道，纲而纪之，统而理之，而不能为容。今尔不修尔道而求为容。赐，而志不远矣！”

子贡出，颜回入见。孔子曰：“回，《诗》云：‘匪兕匪虎，率彼旷野。’吾道非邪？吾何为于此？”颜回曰：“夫子之道至大，故天下莫能容。虽然，夫子推而行之，不容何病？不容然后见君子！夫道之不修也，是吾丑也；夫道既已大修而不用，是有国者之丑也。不容何病？不容然后见君子！”孔子欣然而笑曰：“有是哉，颜氏之子！使尔多财，吾为尔宰。”

于是使子贡至楚。楚昭王兴师迎孔子，然后得免。

昭王将以书社地七百里封孔子。楚令尹子西曰：“王之使使诸侯有如子贡者乎？”曰：“无有。”“王之辅相有如颜回者乎？”曰：“无有。”“王之将率有如子路者乎？”曰：“无有。”“王之官尹有如宰予者乎？”曰：“无有。”“且楚之祖封于周，号为子男五十里。今孔丘述三、五之法，明周、召之业，王若用之，则楚安得世世堂堂方数千里乎！夫文王在丰，武王在镐，百里之君卒王天下。今孔丘得据土壤，贤弟子为佐，非楚之福也。』昭王乃止。其秋，楚昭王卒于城父。

楚狂接舆歌而过孔子，曰：『凤兮凤兮，何德之衰？往者不可谏兮，来者犹可追也！已而已而，今之从政者殆而！』孔子下，欲与之言。趋而去，弗得与之言。

于是孔子自楚反乎卫。是岁也，孔子年六十三，而鲁哀公六年也。

其明年，吴与鲁会缯，征百牢。太宰嚭召季康子。康子使子贡往，然后得已。

孔子曰：『鲁、卫之政，兄弟也。』是时，卫君辄父不得立，在外，诸侯数以为让。而孔子弟子多仕于卫，卫君欲得孔子为政。子路曰：『卫君待子而为政，子将奚先？』孔子曰：『必也正名乎！』子路曰：『有是哉，子之迂也！何其正也？』孔子曰：『野哉由也！夫名不正则言不顺，言不顺则事不成，事不成则礼乐不兴，礼乐不兴则刑罚不中，刑罚不中则民无所错手足矣。夫君子为之必可名，言之必可行。君子于其言，无所苟而已矣。』

其明年，冉有为季氏将师，与齐战于郎，克之。季康子曰：『子之于军旅，学之乎？性之乎？』冉有曰：『学之于孔子。』季康子曰：『孔子何如人哉？』对曰：『用之有名；播之百姓，质诸鬼神而无憾。求之至于此道，虽累千社，夫子不利也。』康子曰：『我欲召之，可乎？』对曰：『欲召之，则毋以小人固之，则可矣。』而卫孔文子将攻太叔，问策于仲尼。仲尼辞不知，退而命载而行，曰：『鸟能择木，木岂能择鸟乎？』文子固止。会季康子逐公华、公宾、公林，以币迎孔子，孔子归鲁。

孔子之去鲁凡十四岁而反乎鲁。

鲁哀公问政，对曰：『政在选臣。』季康子问政，曰：『举直错诸枉，则枉者直。』康子患盗，孔子曰：『苟子之不欲，虽赏之不窃。』然鲁终不能用孔子，孔子亦不求仕。

孔子之时，周室微而礼乐废，《诗》《书》缺。追迹三代之礼，序《书传》，上纪唐、虞之际，下至秦缪，编次其事。曰：『夏礼吾能言之，杞不足征也。殷礼吾能言之，宋不足征也。足，则吾能征之矣。』观殷、夏所损益，曰：『后虽百世可知也，以一文一质。周监二代，郁郁乎文哉。吾从周。』故《书传》《礼记》自孔氏。

孔子语鲁大师：『乐其可知也。始作，翕如，纵之，纯如，皦如，绎如也，以成。』『吾自卫反鲁，然后乐正，雅、颂各得其所。』

古者《诗》三千余篇，及至孔子，去其重，取可施于礼义，上采契、后稷，中述殷、周之盛，至幽、厉之缺。始于衽席，故曰：『《关雎》之乱以为《风》始，《鹿鸣》为《小雅》始，《文王》为《大雅》始，《清庙》为《颂》始。』三百五篇孔子皆弦歌之，以求合《韶》《武》《雅》《颂》之音。礼乐自此可得而述，以备王道，成六艺。

孔子晚而喜《易》，序《彖》《系》《象》《说卦》《文言》。读《易》，韦编三绝。曰：『假我数年，若是，我于《易》则彬彬矣。』

孔子以《诗》《书》《礼》《乐》教，弟子盖三千焉，身通六艺者七十有二人。如颜浊邹之徒，颇受业者甚众。

孔子以四教：文，行，忠，信。绝四：毋意，毋必，毋固，毋我。所慎：齐，战，疾。子罕言利与命与仁。不愤不启，举一隅不以三隅反，则弗复也。

其于乡党，恂恂似不能言者。其于宗庙朝廷，辩辩言，唯谨尔。朝，与上大夫言，訚訚如也；与下大夫言，侃侃如也。

入公门，鞠躬如也；趋进，翼如也。君召使傧，色勃如也。君命召，不俟驾行矣。

鱼馁，肉败，割不正，不食。席不正，不坐。

食于有丧者之侧，未尝饱也。是日哭，则不歌。见齐衰、瞽者，虽童子必变。

『三人行，必得我师。』『德之不修，学之不讲，闻义不能徙，不善不能改，是吾忧也。』使人歌，善，则使复之，然后和之。

子不语：怪，力，乱，神。

子贡曰：『夫子之文章，可得闻也。夫子言天道与性命，弗可得闻也已。』颜渊喟然叹曰：『仰之弥高，钻之弥坚。

瞻之在前，忽焉在后。夫子循循然善诱人，博我以文，约我以礼，欲罢不能。既竭我才，如有所立，卓尔。虽欲从之，蔑由也已。』达巷党人曰：『大哉孔子，博学而无所成名。』子闻之曰：『我何执？执御乎？执射乎？我执御矣。』牢曰：『子云：「不试，故艺。」』

鲁哀公十四年春，狩大野。叔孙氏车子鉏商获兽，以为不祥。仲尼视之，曰：『麟也。』取之。曰：『河不出图，雒不出书，吾已矣夫！』颜渊死，孔子曰：『天丧予！』及西狩见麟，曰：『吾道穷矣！』喟然叹曰：『莫知我夫！』子贡曰：『何为莫知子？』子曰：『不怨天，不尤人，下学而上达，知我者其天乎！』

『不降其志，不辱其身，伯夷、叔齐乎！』谓『柳下惠、少连，降志辱身矣』。谓『虞仲、夷逸，隐居放言，行中清，废中权』。『我则异于是，无可无不可。』

子曰：『弗乎弗乎，君子病没世而名不称焉。吾道不行矣，吾何以自见于后世哉？』乃因史记作《春秋》，上至隐公，下讫哀公十四年，十二公。据鲁，亲周，故殷，运之三代。约其文辞而指博。故吴、楚之君自称王，而《春秋》贬之曰『子』；践土之会实召周天子，而《春秋》讳之曰『天王狩于河阳』：推此类以绳当世，贬损之义，后有王者举而开之。《春秋》之义行，则天下乱臣贼子惧焉。

孔子在位听讼，文辞有可与人共者，弗独有也。至于为《春秋》，笔则笔，削则削，子夏之徒不能赞一辞。弟子受《春秋》，孔子曰：『后世知丘者以《春秋》，而罪丘者亦以《春秋》。』

明岁，子路死于卫。孔子病，子贡请见。孔子方负杖逍遥于门，曰：『赐，汝来何其晚也？』孔子因叹，歌曰：『太山坏乎！梁柱摧乎！哲人萎乎！』因以涕下。谓子贡曰：『天下无道久矣，莫能宗予。夏人殡于东阶，周人于西阶，殷人两柱间。昨暮予梦坐奠两柱之间，予始殷人也。』后七日卒。

孔子年七十三，以鲁哀公十六年四月己丑卒。

哀公诔之曰：『旻天不吊，不慭遗一老，俾屏余一人以在位，茕茕余在疚。呜呼哀哉！尼父，毋自律！』子贡曰：

『君其不没于鲁乎！夫子之言曰：「礼失则昏，名失则愆。」失志为昏，失所为愆。生不能用，死而诔之，非礼也。称「余一人」，非名也。』

孔子葬鲁城北泗上，弟子皆服三年。三年心丧毕，相诀而去，则哭，各复尽哀；或复留。唯子赣庐于冢上，凡六年，然后去。弟子及鲁人往从冢而家者百有余室，因命曰孔里。鲁世世相传以岁时奉祠孔子冢，而诸儒亦讲礼乡饮大射于孔子冢。孔子冢大一顷。故所居堂、弟子内，后世因庙，藏孔子衣冠琴车书，至于汉二百余年不绝。高皇帝过鲁，以太牢祠焉。诸侯、卿、相至，常先谒然后从政。

孔子生鲤，字伯鱼。伯鱼年五十，先孔子死。

伯鱼生伋，字子思，年六十二。尝困于宋。子思作《中庸》。

子思生白，字子上，年四十七。子上生求，字子家，年四十五。子家生箕，字子京，年四十六。子京生穿，字子高，年五十一。子高生子慎，年五十七，尝为魏相。

子慎生鲋，年五十七。为陈王涉博士，死于陈下。

鲋弟子襄，年五十七。尝为孝惠皇帝博士，迁为长沙太守。长九尺六寸。

子襄生忠，年五十七。忠生武，武生延年及安国。安国为今皇帝博士，至临淮太守，蚤卒。安国生卬，卬生欢。

太史公曰：《诗》有之：『高山仰止，景行行止。』虽不能至，然心乡往之。余读孔氏书，想见其为人。适鲁，观仲尼庙堂、车服、礼器，诸生以时习礼其家，余祗回留之不能去云。天下君王至于贤人众矣，当时则荣，没则已焉。孔子布衣，传十余世，学者宗之。自天子王侯，中国言六艺者折中于夫子，可谓至圣矣！

【译文】

孔子出生在鲁国昌平乡陬邑。他的祖先是宋国人，名叫孔防叔。孔防叔生下伯夏，伯夏生下叔梁纥。叔梁纥和颜氏的女儿在野外媾和而生下孔子，他们向尼丘进行祈祷而得到孔子。鲁襄公二十二年孔子出生，孔子生下来头顶中间凹陷，所以就取名叫丘，取字叫仲尼，姓为孔氏。

孔丘生下来，叔梁纥便死了，安葬在防山。防山在鲁国都城的东面，因此孔子不清楚他父亲的墓址，孔母隐讳这件事。孔子孩童时做游戏，经常陈列俎豆各种礼器，演习礼仪动作。孔子母亲去世，他先将灵柩停放在五父之衢，这是出于孔子谨慎从事的考虑。陬邑人輓父的母亲告诉孔子其父的墓址，这之后孔子才将母亲灵柩送往防山合葬。

孔子服丧腰间系着麻带，这时季氏宴请士人，孔子随同前往。阳虎斥退孔子说：『季氏宴请的是士人，没敢请你啊。』孔子因此退去。

孔子十七岁那年，鲁国大夫孟釐子病重将死，告诫他的继承人孟懿子说：『孔子是圣人的后代，他的家族在宋国败落。他的先祖弗父何当初本该享有宋国而继位，却让给了弟弟宋厉公。等到他的先祖正考父，辅佐宋戴公、宋武公、宋宣公，三次接受册命，一次比一次恭敬，所以正考父鼎的铭文说：「第一次册命，曲背行礼；第二次册命，折腰行礼；第三次册命，俯身行礼，平时走路顺着墙根小跑，也就没人敢来欺侮我了。用这个鼎煮厚粥，用这个鼎煮薄粥，来喂我这张嘴。」他的恭敬有礼就是如此。我听说那圣人的后代，即使不当国执政，也必定会有通达显赫的。如今孔丘年纪轻轻喜好礼仪，他恐怕将是通达显赫的人吧！如果我死了，你一定要以他为师。』等到孟釐子去世，孟懿子和鲁人南宫敬叔前往孔子那里学礼。这一年，季武子去世，季平子继位。

孔子家境贫寒，又地位低下。等到长大成人，曾经做过季氏手下的官吏，管理统计准确无误；又曾做过司职的小吏，使牧养的牲畜繁殖增多。由此出任司空。不久离开鲁国，在齐国受到排挤，被宋人、卫人所驱逐，在陈国、蔡国之间受困，于是返回鲁国。孔子身高九尺六寸，人们都称他为『长人』而感到奇异。鲁君又善待孔子，因此返回鲁国。

鲁人南宫敬叔对鲁昭公说：『请让我跟随孔子前往周京洛邑。』鲁昭公给他们一辆车、两匹马，还有一名童仆同行，前往周京洛邑询问周礼，据说见到了老子。孔子告辞离去时，老子送他说：『我听说富贵之人用财物来送人，仁义之人用言语来送人。我不能富贵，只好盗用仁人的名义，用言语来送你，这几句话是：「聪慧明白洞察一切反而濒临死亡，是因为喜好议论他人的缘故。博洽善辩宽广宏大反而危及其身，是因为揭发别人丑恶的缘故。做人儿子的就不要有自己，做人臣子的就不要有自己。』」孔子从周京洛邑返回鲁国，投到他门下的弟子逐渐增多。

这时候，晋平公荒淫无度，国中韩氏、赵氏、魏氏、知氏、范氏、中行氏六家世卿专擅权柄，向东攻伐诸侯别国；楚灵王兵力强大，侵略欺凌中原各国；齐是大国而挨近鲁国。鲁国小而弱，依附于楚国，晋国就恼怒；依附于晋国，楚国便来攻伐；对齐国事奉不周，齐国军队就侵犯鲁国。

鲁昭公二十年，孔子已三十岁了。齐景公和晏婴来到鲁国，齐景公问孔子说：『昔日秦穆公国家弱小，地方偏僻，他称霸的原因是什么呢？』孔子回答说：『秦穆公，国家虽小，但他的志向大；地方虽然偏僻，但行为符合正道。亲自提拔百里奚，赐给大夫的爵位，从囚犯之中起用他，同百里奚交谈三天，立即将国政委授予他。凭这种做法取得人才，即使称王天下都可以，他称霸诸侯只能算小了。』齐景公听了很高兴。

孔子三十五岁那年，季平子和郈昭伯因为斗鸡的缘故得罪了鲁昭公。鲁昭公率领军队攻击季平子，季平子和孟孙氏、叔孙氏三家联合攻打鲁昭公，昭公的军队战败，他逃奔到齐国，齐景公把昭公安置在乾侯。此后不久，鲁国大乱。孔子去到齐国，当齐卿高昭子的家臣，打算以此来与齐景公交往。孔子与齐国太师谈论音乐，听到《韶》的乐曲，学习《韶》乐，陶醉得居然三个月不知道肉的滋味，齐国人称赞孔子。

齐景公问孔子如何为政，孔子说：『国君要像国君，臣子要像臣子，父亲要像父亲，儿子要像儿子。』景公说：『讲得好啊！如果真的国君不像国君，臣子不像臣子，父亲不像父亲，儿子不像儿子，纵然有粮食，我怎么能吃得到呢！』改日齐景公又向孔子询问为政，孔子说：『为政在于节约财物。』景公很高兴，将要把尼谿的田地封赐给孔子。晏婴进言说：『这些儒者能言善辩不能用法度来规范；高傲自大自以为是，不能任用他们来教育百姓；崇尚丧礼尽情致哀，破费财产厚葬死人，不可将这形成习俗；四处游说乞求借贷，不可以此治理国家。自从圣君贤相相继去世，周朝王室衰落以后，礼乐残缺有很长时间了。如今孔子盛装打扮，烦琐地规定尊卑上下的礼仪，举手投足的节度，连续几代不能穷尽其中的学问，从幼到老不能学完他的礼乐。国君打算用这一套来改造齐国的习俗，恐怕不是引导小民的好办法。』此后齐景公虽然恭敬地接见孔子，但不再问有关礼的事。有一天，齐景公挽留孔子说：『按照季氏上卿的规格来待你，我不能做到。』于是就用介于鲁国季氏和孟氏之间的规格来接待孔子。齐国大夫企图谋害孔子，孔子听说此事。齐景公说：『我老了，不能用你了。』孔子就上路离开齐国，返回鲁国。

孔子四十二岁那年，鲁昭公死在乾侯，鲁定公即位。鲁定公在位的第五年，夏天，季平子去世，季桓子继位。季桓子掘井得到一个陶罐，里面有个像羊的东西，派人询问孔子，说是『得到一条狗』。孔子说：『据我所知，应该是只羊。我听说，木石的精怪为夔、罔阆，水中的精怪为龙、罔象，土中的精怪为坟羊。』

吴军攻伐越国，毁坏越国都城会稽，得到人骨，一节就装满一车。吴王派遣使者询问孔子：『人的骨头，数谁的最大？』孔子说：『大禹在会稽山召集众神，防风氏误期后到，大禹下令将他杀死并陈尸示众。防风氏的一节骨头就占满一车，他骨头最大了。』吴国客人问：『谁是神呢？』孔子说：『山川的神灵足以造福天下百姓，守护祭祀它的就是神，祭祀社稷的是公侯，全都隶属于王。』客人问：『防风氏守护祭祀什么呢？』孔子说：『汪罔氏的君主祭祀封山、禺山，是釐姓。在有虞氏、夏朝、商朝叫作汪罔，在周朝叫作长翟，如今称为大人。』客人问：『人最长的有多长？』孔子说：『僬侥氏身长三尺，短到了极点。最长的不过十倍于此，这是数字上的极限。』于是吴国客人说：『高明啊，圣人！』

季桓子的宠臣叫仲梁怀，和阳虎有怨恨。阳虎打算驱逐仲梁怀，公山不狃阻止他。那年秋季，仲梁怀越来越骄横，阳虎拘捕了仲梁怀。季桓子发怒，阳虎乘机囚禁季桓子，和他订立盟约然后释放他。阳虎从此越发看不起季氏。季氏自己也僭越礼法凌驾于公室之上，大夫执掌国政，因此鲁国从大夫以下全都僭越礼法，背离正道。所以孔子不做官，隐退下来整理《诗》《书》《礼》《乐》，弟子更加众多，纷纷从远方到达，无不接受孔子传授的学业。

鲁定公八年，公山不狃在季氏手下不得志，利用阳虎作乱，准备废黜季孙氏、叔孙氏、孟孙氏三家的嫡长继承人，另立阳虎平素所亲善的其他庶子，于是拘捕季桓子。季桓子设诈骗过阳虎，得以脱身。鲁定公九年，阳虎交战没有取胜，逃奔到齐国。这时孔子五十岁。

公山不狃利用费邑反叛季氏，派人征召孔子。孔子遵循周道修行很久，但处处受压抑没有施展才能的地方，没人能任用自己，说：『周文王、周武王起于丰、镐之地而称王天下，如今费邑尽管小，但或许有希望吧！』打算前往。子路不高兴，阻止孔子。孔子说：『他们召请我，岂能徒劳无益呢？如果任用我，我将在东方复兴周道！』然而结果没有成行。

此后，鲁定公任命孔子为中都宰，经过一年的时间，四处都来效法他。孔子由中都宰升任司空，又由司空升任大司寇。

鲁定公十年春季，鲁国与齐国和好。夏季，齐国大夫黎鉏对齐景公说：『鲁国任用孔丘，这形势就会危及齐国。』于是齐国派出使者告知鲁定公举行友好会见，约定在夹谷会面。鲁定公准备乘坐车辆友好前往。孔子兼任盟会司仪之事，说：『臣下听说有文事的话必须有武备，有武事的话必须有文备。古代诸侯越出自己的疆界，必定配备文武官员作为随从。请配备左、右司马。』鲁定公说：『好。』配备了左、右司马。到夹谷会见齐景公，在那里建筑盟坛，排定席位，修起土台阶三级，按诸侯间会遇之礼相见，鲁定公与齐景公互相作揖谦让而登坛。宴饮献酬之礼完毕后，齐国官吏小步疾走进来说：『请演奏四方的舞乐。』齐景公说：『好。』于是莱夷乐人打着旌旗，挥舞羽毛、彩缯，手持矛戟剑盾，击鼓呼叫而到来。孔子快步上前，一步跨越一级台阶而往上登，离坛上还有一级台阶时，挥举长袖而说：『我们两国的君主举行友好盟会，夷狄的舞乐为何在此！请命令有关官员下令撤走。』主管官员发令退下，但乐人不离去，左右的人看着晏子和齐景公。景公内心有愧，挥手让他们离去。过了一会儿，齐国的官吏小步疾走进来说：『请演奏宫中的舞乐。』齐景公说：『好。』艺人侏儒便演戏调笑而上前。孔子又快步进去，一步跨越一级台阶而往上登，离坛上还有一级台阶时，说：『百姓而胆敢蛊惑诸侯的，罪该诛杀！请命令有关官员执行！』有关官员施加刑法，艺人侏儒都被处以腰斩而手足分离。齐景公恐惧而震动，知道理义不如鲁国，回国后大为惊恐，告诉他的群臣说：『鲁国臣子用君子之道辅佐他们的君主，而你们只是用夷狄之道来教我，使我得罪了鲁君，这如何是好？』有关官员上前回答说：『君子有了过错就用实际行动来道歉，小人有了过错则用花言巧语来道歉。国君倘若真的对此感到恐惧，就用实际行动去道歉。』于是齐景公便归还所侵占鲁国的郓、汶阳、龟阴之田来认错道歉。

鲁定公十三年夏季，孔子对鲁定公说：『臣子没有私藏的武器，大夫不能拥有周长三百丈的城邑。』派仲由为季氏的管家，将要拆毁季孙氏、叔孙氏、孟孙氏三家的都邑。于是叔孙氏首先拆毁了郈城。季孙氏将要拆毁费城，公山不狃、叔孙辄率领费邑人袭击鲁国国都。鲁定公和季孙斯、叔孙州仇、仲孙何忌进入季氏宅第，登上季武子台。费邑人攻打季氏宅第，没有成功，射出的箭飞到了定公的身边。孔子命令大夫申句须、乐颀下台攻伐，费邑人战败逃跑。鲁都国人追击，在姑蔑打败费邑人。公山不狃、叔孙辄逃奔齐国，于是拆毁费城。接着准备拆毁成城，公敛处父对孟孙说：『拆毁成城，齐国军队必定能直接到达国都北门。况且成邑，是孟氏的保护屏障，没有成邑就是没有孟氏啊。我将不拆城。』十二月，鲁定公领兵包围成邑，没有攻克。

鲁定公十四年，孔子五十六岁，由大司寇代理国相事务，面有喜色。门人说：『听说君子祸患降临不恐惧，福运到来不喜悦。』孔子说：『是有这样的话。但不是还有「身居高位礼贤下士而自得其乐」的话吗？』于是诛杀鲁国扰乱政事的大夫少正卯。参与治理国政三个月，卖羊羔猪豚的不随意抬价；男女行路分道而走；遗留在路上的东西没人捡拾；从四方来到城邑的客人不必向官吏请求，全都给予接待，如同回到了家。

齐国人闻悉鲁国的情况后感到恐惧，说：『孔子当政的话，鲁国必然称霸，鲁国称霸而我齐国土地挨近它，我齐国的土地就会最先被兼并了。何不赶紧献送土地呢？』大夫黎鉏说：『请先尝试设法阻止孔子当政；如果没法阻止孔子当政再献送土地，难道算晚吗！』于是挑选齐国国中漂亮的女子八十人，全都穿上华丽服装而跳起《康乐》舞蹈，连同有花纹的马一百二十匹，馈赠给鲁国国君。齐人将盛装女乐、有纹骏马陈列在鲁国都城南面的高门外。季桓子换上平民服装前往观看多次，打算接受，就告诉鲁定公要外出巡回周游，终日前往观看，懒于处理政事。子路说：『您可以上路出走了。』孔子说：『鲁国现在将要举行郊祀，如果能将郊祀祭肉分送大夫的话，我就还可以留下。』季桓子结果接受了齐国的女乐，三天没有上朝听政；举行郊祀典礼后，又不向大夫分发祭肉。孔子于是上路，住宿在屯。大夫师已前来送行，说：『您可没有什么罪过。』孔子说：『我唱首歌可以吗？』接着唱道：『那妇人的口啊，可以让人出走；那妇人的话啊，可以叫人身死名败。悠闲自在啊，聊以消磨时光！』师已返回国都，季桓子问：『孔子说了什么？』师已将实情相告。季桓子喟然长叹说：『夫子因为那群女乐的缘故怪罪我啊！』

孔子于是去到卫国，寄居在子路的妻兄颜浊邹家。卫灵公问孔子：『在鲁国得俸禄多少？』孔子回答说：『俸禄粮食六万。』卫国人也致送粮食六万。过了不久，有人向卫灵公说孔子的坏话。卫灵公派大夫公孙余假频繁出入孔子住所。孔子害怕得罪卫灵公，居住了十个月，离开卫国。

孔子打算前往陈国，经过匡邑。颜刻当驾车的，用他手中的鞭子指给孔子看，说：『昔日我进入此地，是从那个缺口。』匡人听说来了人，以为是鲁国的阳虎。阳虎曾经残害过匡人，匡人于是就留下孔子。孔子样子长得像阳虎，在匡拘留了五天。颜渊落在后面，（见到后，）孔子说：『我以为你死了。』颜渊说：『您健在，我怎么敢死！』匡人拘留孔子，情况愈来愈紧急，弟子们感到恐惧。孔子说：『周文王死后，周朝的文化不就在我这里吗？上天打算毁灭这周朝文化，我这个后来人便不应该掌握周朝的文化。上天不想毁灭周朝的文化啊，匡人能把我怎么样！』孔子派随从子弟到卫国国都做甯武子的家臣，然后得以离开。

孔子离开匡邑随即经过蒲邑。一个多月后，返回卫都，寄居在蘧伯玉家。卫灵公有个叫南子的夫人，灵公派人对孔子说：『四方来的君子不以为辱想与寡人结为兄弟的，必定会见我的夫人。我的夫人希望见到你。』孔子推辞谢绝，最后不得已而拜见南子。夫人在细葛帷帐之中。孔子进门，面朝北行稽首之礼。夫人从帷帐中行拜礼两次，身上的佩玉叮当作响。孔子说：『我原来不想见她，既然见了便以礼相答。』子路不高兴。孔子起誓说：『我如果不是所说的那样，就让上天厌弃我！上天厌弃我！』在卫都居住一个多月，（有一天）卫灵公和夫人同乘一辆车，宦官雍渠为车右担任护卫，出宫游览，让孔子乘第二辆车，招摇过市。孔子说：『我没看见他爱好德行如同爱好女色啊。』于是厌恶卫灵公，离开卫国，经过曹国。这一年，鲁定公去世。

孔子离开曹国前往宋国，和弟子们在大树下演习礼仪。宋国司马桓魋想要杀死孔子，拔起那株大树。孔子离开那个地方。弟子说：『可以赶快走了。』孔子说：『上天把德行降生在我身上，桓魋能把我怎么样？』

孔子前往郑国，和弟子互相走失，孔子独自站在外城的东门。有个郑人对子贡说：『东门有个人，他的额头像唐尧，他的脖子像皋陶，他的肩像子产，然而从腰以下比夏禹差三寸，瘦瘠疲惫的样子好似丧家之犬。』子贡把实话告诉孔子。孔子欣然笑着说：『他说的形状，那倒未必。但说我像丧家之犬，是啊！是啊！』

孔子于是到达陈国，寄居在司城贞子家。一年多以后，吴王夫差攻伐陈国，夺取三个城邑而离开。晋国赵鞅领兵攻伐朝歌。楚军围攻蔡国，蔡人迁居到吴地。吴军在会稽击败越王勾践。

有只隼落在陈湣公的庭院中而死去，楛木箭杆穿透身子，箭镞是石制的，箭长一尺八寸。陈湣公派人询问孔子。孔子说：『隼飞来的地方很远啊，这是肃慎部族的箭。从前周武王攻灭商朝，打通与四方各个蛮夷部族的道路，让他们各自将那里的地方特产送来进贡，使之不忘记应尽的分内义务。于是肃慎部族进贡楛木箭杆、石头箭镞，箭长一尺八寸。先王为了昭彰他的美德，把肃慎进贡的箭分赐给长女大姬，又将大姬许配给虞胡公而封虞胡公在陈。将珍宝玉器赏赐给同姓诸侯，是要推广加深亲族的关系；将远方献纳的贡品分赐给异姓诸侯，让他们不忘记义务。所以把肃慎的箭分赐给陈国。』陈湣公试着派人到旧仓库中寻找，果真得到这种箭。

孔子在陈国居住三年，适逢晋国、楚国争霸，轮番攻伐陈国，还有吴国也侵犯陈国，陈国经常受到劫掠。孔子说：『回去吧！回去吧！我家乡的那些小子志向远大，努力进取而没忘记初衷。』于是孔子离开陈国。

途经蒲邑，遇到卫国大夫公孙氏占据蒲邑反叛，蒲邑人扣留了孔子。有个叫公良孺的弟子，带着五辆私车随从孔子。他为人长大贤能，又有勇气力量，对孔子说：『我昔日跟着您在匡遭遇危难，如今又在这里遭遇危难，这是命啊。我与您再次蒙难，宁可搏斗而死。』搏斗非常激烈。蒲邑人恐惧，对孔子说：『如果你不去卫都，我们放了你。』孔子和他们立了盟誓，蒲邑人将孔子放出东门。孔子接着前往卫都。子贡说：『盟誓难道可以背弃吗？』孔子说：『这是要挟订立的盟誓，神是不会理睬的。」

卫灵公听说孔子前来，非常喜欢，到郊外迎接。卫灵公问：『蒲邑可以攻伐吗？』孔子回答说：『可以。』卫灵公说：『我的大夫认为不可。如今蒲邑，是卫国用以防御晋国、楚国的屏障，用卫国军队去攻伐蒲，恐怕不行吧？』孔子说：『那里的男人有决死的志气，女人有保卫西河的志气。我们所要讨伐的叛乱者只不过四五个人。』卫灵公说：『好。』然而没有攻伐蒲邑。

卫灵公年老，懒于理政，没有任用孔子。孔子长长地叹了一口气说：『如果有人起用我的话，只需一年的时间罢了，三年的话就会大见成效。』孔子上路离去。

晋国佛肸任中牟邑宰。赵简子领兵攻打范氏、中行氏，进攻中牟。佛肸反叛赵简子，派人召请孔子。子路说：『我听您说过这样的话：「那个人本身在做不好的事，君子是不会去加入的。」如今佛肸自己占据中牟反叛，您却打算前往，怎么解释呢？』孔子说：『我是说过这句话。但不是说坚硬吗，再磨砺也不会变薄；不是说洁白吗，再污染也不会变黑。我哪能是匏瓜呢，怎么可以挂在那里而不能食用？』

孔子击奏石磬。有个扛着草筐从门口经过的人，说：『有心思呀，就击打石磬吧！硁硁的声音啊，是在诉说没人赏识自己罢了！』

孔子向师襄子学习弹琴，学了十天仍止步不进。师襄子说：『可以增加学习内容了。』孔子说：『我已经熟习曲子，但还没有掌握演奏的技巧。』过了一段时间，师襄子说：『已经熟习演奏的技巧，可以继续往下学了。』孔子说：『我还没有领会其中的志趣啊。』过了一段时间，师襄子说：『已经熟习其中的志趣，可以继续往下学了。』孔子说：『我还不知道乐曲的作者啊。』过了一段时间，孔子默然沉思，心旷神怡，高瞻远望而意志升华。说：『我知道乐曲的作者了，那人皮肤深黑，体形颀长，眼睛深邃远望，如同统治着四方诸侯，不是周文王还有谁能撰作这首乐曲呢！』师襄子离开座席连行两次拜礼，说：『老师说这乐曲叫作《文王操》啊。』

孔子在卫国得不到任用后，打算西行去见赵简子。来到黄河边而听说窦鸣犊、舜华被杀身死，他面对黄河而感叹道：『美啊，黄河的水，浩浩荡荡啊！我不能渡过它，是命中注定的啊！』子贡快步上前说：『请问您说的是什么？』孔子说：『窦鸣犊、舜华，是晋国的贤能大夫。赵简子没有得志掌权的时候，等待这两个人然后从政；及至他已经得志掌权，就杀死二人而从政。我听说过，剖腹取胎，杀死幼兽，麒麟就不会来到郊野；竭泽而渔，一网打尽，蛟龙就不会调和阴阳；捣毁巢窠，打碎鸟蛋，凤凰就不会飞翔前来。什么缘故呢？君子忌讳伤害他的同类啊。鸟兽对于不义之举尚且知道躲避，何况我孔丘呢！』于是返回住宿在陬乡，撰作了《陬操》的琴曲来哀悼被害的晋国大夫。接着返回卫都，进入蘧伯玉家寄居。

有一天，卫灵公询问用兵的阵法。孔子说：『摆弄礼器的事倒曾听说过，军队作战的事没有学过啊。』第二天，卫灵公与孔子交谈，看到天上飞翔的雁，仰头注视，神色心思不在孔子身上。孔子于是上路，又前往陈国。

夏季，卫灵公去世，卫人拥立灵公的孙子辄即位，这就是卫出公。六月，赵鞅将卫太子蒯聩送入戚邑。阳虎让太子身着孝服，又派八个人穿戴丧服，装成是从卫都前来迎接太子的，哭着进入戚邑，于是太子蒯聩就居住在那里。冬季，蔡人迁都到州来。这一年是鲁哀公即位的第三年，而孔子年已六十了。齐国帮助卫人围攻戚邑，因为卫太子蒯聩在那里的缘故。

夏季，鲁国桓公、釐公的庙起火，鲁大夫南宫敬叔前去救火。孔子在陈国，听说鲁国火灾的消息，说：『火灾必定发生在桓公、釐公的庙吧！』事后果真如此。

秋季，季桓子病重，坐在辇车上望见鲁都的城墙，深深地叹息道：『昔日这个国家将要振兴了，因为我得罪了孔子，所以不兴旺了。』回头对他的继承人季康子说：『我如果死了，你必定为鲁国之相；你担任鲁国之相的话，必须召请仲尼。』几天后，季桓子去世，季康子继位。季桓子安葬完毕，季康子打算召请孔子。大夫公之鱼说：『往日我们的先君任用孔子有始无终，结果被诸侯所嗤笑。如今又要起用他，不能有始有终，这就会再次被诸侯所嗤笑。』季康子说：『那召请谁可以呢？』公之鱼说：『一定要召请冉求。』于是派出使者召请冉求。冉求将要上路，孔子说：『鲁人来召冉求，不是小用你，将要大用你啊。』这一天，孔子说：『回去吧！回去吧！我家乡的小子志向远大，文采斐然而有章法，我不知道调教他们的办法了。』子赣知道孔子一心想回鲁国，他去送冉求起程，趁机告诫说：『倘若任用你，就一定要招纳孔子。』

冉求离开陈国后，第二年，孔子从陈国迁居蔡国。蔡昭公准备前往吴国，是吴王召他去的。以前蔡昭公欺骗他的大臣迁居州来，这之后又准备前往吴国，大夫们害怕再次迁都，大夫公孙翩用箭射杀了蔡昭公。楚军侵犯蔡国。秋季，齐景公去世。

第二年，孔子从蔡国前往楚国叶县。叶公询问为政之道，孔子说：『为政之道在于招徕远方贤人而安抚身边百姓。』有一天，叶公向子路问孔子的为人，子路没做回答。孔子听说此事，说：『仲由，你为什么不回答说「他为人呀，学习道理不感疲倦，教诲别人不觉厌烦，发奋努力废寝忘食，乐于此道而忘却了忧愁，不知衰老将要到来」。』

孔子离开叶县，返回到蔡国。长沮、桀溺两人在路边并肩耕田，孔子认为他们是隐士，派子路向他们询问渡口。长沮说：『那个手中拿着缰绳的人是谁？』子路说：『是孔丘。』长沮说：『是鲁国的孔丘吗？』子路说：『是。』长沮说：『这个人就知道渡口呀！』桀溺对子路说：『你是谁？』子路说：『是仲由。』桀溺说：『你，是孔丘的门徒吗？』子路说：『是。』桀溺说：『浑浑噩噩，天下到处是这样啊，有谁来改变这世道呢？况且与其跟从躲避恶人的士子，哪里比得上跟从避开整个世道的士子呢！』两人说完仍然耕作不止。子路把他们的话告诉孔子，孔子惆怅地说：『鸟兽不可与之同流合群。天下有道的话，我就不必参与改变这世道了。』

有一天，子路行走，遇到一位肩扛蓧的老人，问：『你看到我的老师了吗？』老人说：『你四肢不劳动，五谷分不清，谁是你的老师！』老人把他的拐杖竖置在一边而耘锄田中的杂草。子路把老人的话告诉孔子，孔子说：『是个隐士啊。』子路再次前往，老人已经不在了。

孔子迁居到蔡国的第三年，吴国军队攻伐陈国。楚国出兵援救陈国，驻扎在城父。听说孔子在陈国、蔡国之间，楚昭王派人聘请孔子。孔子准备前往拜见回礼，陈国、蔡国的大夫谋划说：『孔子是个贤人，他所讥刺抨击的都切中诸侯的弊病。如今他长久滞留在陈国、蔡国之间，众大夫所作所为都违反仲尼的心意。如今楚国，是大国，派人前来聘请孔子，倘若孔子在楚国起用，我们这些在陈国、蔡国主事的大夫就危险了。』于是就共同调发役徒将孔子围困在野外。孔子没法行路，断绝了粮食。随从的弟子疲惫不堪，饿得站不起来。但孔子仍讲习诵读，演奏歌唱，传授诗书礼乐毫不间断。子路生气，来见孔子说：『君子也有穷困吗？』孔子说：『君子能固守穷困而不动摇，小人穷困就胡作非为了。』

子贡怒气发作。孔子说：『赐啊，你以为我是个博学强记的人吗？』子贡说：『是。难道不是吗？』孔子说：『不是啊。我是用一个思想贯穿于全部学说。』

孔子知道弟子们有怨恨之心，就召见子路而询问道：『《诗》中说：「不是犀牛也不是老虎，却疲于奔命在空旷的原野。」我们的学说难道有不对的地方吗？我们为什么沦落到这个地步？』子路说：『猜想我们还没有达到仁吧！所以别人不信任我们。猜想我们还没有达到知吧！所以别人不实行我们的学说。』孔子说：『有这些缘由吗！仲由，我打比方给你听，假如仁者就必定受到信任，那怎么还会有伯夷、叔齐？假如知者就必定能行得通，那怎么还会有王子比干？』

子路出去，子贡进入见面。孔子说：『赐啊，《诗》中说：「不是犀牛也不是老虎，却疲于奔命在空旷的原野。」我们的学说难道有不对的地方吗？我们为什么沦落到这个地步？』子贡说：『老师的学说极其宏大，所以天下没有国家能容得下您。老师是否可以稍微降低一点标准呢？』孔子说：『赐，优秀的农夫善于播种耕耘却不能保证获得好收成，优秀的工匠擅长工艺技巧却不能迎合所有人的要求。君子能够修明自己的学说，用法度来规范国家，用道统来治理臣民，但不能保证被世道所容。如今你不修明你奉行的学说却去追求被世人收容。赐，你的志向太不远大了！』

子贡出去，颜回入门进见。孔子说：『回啊，《诗》中说：「不是犀牛也不是老虎，却疲于奔命在空旷的原野。」我们的学说难道有不对的地方吗？我们为什么沦落到这个地步？』颜回说：『老师的学说极其宏大，所以天下没有国家能够容纳。即使如此，老师推广而实行它，不被容纳怕什么？正是不被容纳，然后才现出君子本色！老师的学说不修明，这是我们的耻辱。老师的学说已经努力修明而不被采用，这是当权者的耻辱。不被容纳怕什么？不被容纳然后才现出君子本色！』孔子高兴地笑道：『有道理啊，颜家的孩子！假使你拥有许多财产，我给你当管家。』

于是孔子派子贡到达楚国。楚昭王兴师动众迎接孔子，孔子然后得以脱身。

楚昭王准备把有户籍的民社方圆七百里之地封给孔子。楚国令尹子西说：『大王出使诸侯的使者有像子贡这样的吗？』昭王说：『没有。』令尹子西说：『大王的宰辅国相有像颜回这样的吗？』昭王说：『没有。』令尹子西说：『大王的将帅有像子路这样的吗？』昭王说：『没有。』令尹子西说：『大王的各部长官有像宰予这样的吗？』昭王说：『没有。』令尹子西说：『况且楚国的祖先在周受封时，名号为子男，封地方圆五十里。如今孔丘祖述三皇五帝的法度，彰明周公、召公的事业，大王倘若任用他，那楚国还怎么能世世代代拥有堂堂正正方圆几千里之地呢！周文王在丰京，周武王在镐京，从只有百里之地的君主最终统一天下。如今孔丘得以占据封地，有贤能的子弟作为辅佐，这不是楚国的幸福啊。』楚昭王于是作罢。当年秋季，楚昭王在城父去世。

楚国狂人接舆唱着歌经过孔子的旁边，歌词唱道：『凤凰啊，凤凰啊，为什么道德这样衰落啊？以往的事已无法挽回，未来的事还可以补救啊！完了完了，当今从政的权贵们岌岌可危了。』孔子走下车，打算与他说话。狂人接舆快步离去，孔子没能与他说话。

于是孔子从楚国返回卫国。这一年，孔子六十三岁，是鲁哀公在位的第六年。

第二年，吴国和鲁国在缯邑会盟，吴国向鲁国征集牲畜猪、牛、羊各一百头。吴国太宰嚭召见季康子。季康子派子贡前往交涉，然后才得以取消。

孔子说：『鲁国、卫国的政治，如同兄弟一样相似。』这时候，卫国君主辄的父亲不能按礼制即位，流亡在外，各国诸侯屡次对此加以指责。而孔子的许多弟子在卫国做官，卫出公辄想请得孔子来治理国政。子路说：『卫国国君等待您来治理国政，您将先做什么？』孔子说：『一定要先做的是端正名分啊！』子路说：『有这样治理国政的吗，您迂阔啊！何必去端正名分呢？』孔子说：『粗鲁啊，仲由呀！名分不正的话，言语就不顺当；言语不顺当，事情就不成功；事情不成功，礼乐就不振兴；礼乐不振兴，刑罚就不准确；刑罚不准确，百姓就会感到无所措手足了。君子做事必须符合名分，言语必须可以实行。君子对于自己的言语，只求一点都不马虎罢了。』

此后第二年，冉有为季氏率领鲁国军队，同齐军在郎邑交战，打败齐军。季康子问：『你在军事方面的本领，是学习得来的呢？还是天生就有的呢？』冉有说：『是向孔子学习的。』季康子问：『孔子是个怎样的人呢？』冉有回答说：『起用他就会有名声；将他宣扬到百姓中间，向鬼神询问他的为人而毫无缺憾。但我学通这军事之道，即使积累功劳有千社的封赏，老师也不认为有利。』季康子又问：『我打算召请他，可以吗？』冉求回答说：『你打算召请他的话，就不要用小人来牵制他，那便可以了。』而卫卿孔文子准备攻打大夫太叔，向孔子询问计策。孔子推辞说不知道，退出后命令驾好车马而上路，说：『鸟儿可以选择树木，树木怎么能选择鸟儿呢！』孔文子坚决挽留。恰好季康子派遣大夫公华、公宾、公林，带着征聘的礼物来迎接孔子，孔子就返回鲁国。

孔子离开鲁国总共十四年而返回到鲁国。

鲁哀公询问为政之道，孔子回答说：『为政之道在于选择大臣。』季康子询问为政之道，孔子说：『荐举正直的人安置在邪曲小人的上面，邪曲的人就会变得正直了。』季康子忧愁盗贼为患，孔子说：『如果你自己不贪，即使悬赏盗贼，他们也不敢偷窃。』然而鲁国最终没能任用孔子，孔子也不再谋求官职。

孔子的时代，周王室衰微而礼乐废弃，《诗》《书》残缺。孔子追寻探索夏、商、周三代的礼制，整理《书传》，上记唐尧、虞舜之际，下至秦缪公之时，依次编排其间史事。孔子说：『夏代的礼制我能说出来，但夏人后裔杞国的文献不足为证了。殷代的礼制我能说出来，但殷人后裔宋国的文献不足为证了。如果文献足够的话，我就能加以验证了。』孔子考察周代对殷礼、殷代对夏礼所做的变动后，说：『往后即使推到一百代，它的礼制也可以知道，因为总是一代崇尚文采而一代崇尚质实。周礼借鉴了夏、殷两代，郁郁乎文采斐然啊。我依从周代的礼制。』所以《书传》《礼记》出自孔门。

孔子告诉鲁国的大师说：『乐曲的演奏过程是可以知道的。开始演奏的时候，一齐出来气势盛大；接着展开，和谐清纯，层次分明，连续不断，一直到乐章演奏完成。』『我从卫国返回鲁国，然后审定各类乐曲的音调声律，使雅乐、颂乐分别恢复了原貌。』

古代留传下来的《诗》有三千多篇，等到孔子整理的时候，删去其中重复的，选取可以在礼节仪式中使用的，往上采集歌颂商人始祖契、周人始祖后稷的诗篇，中间搜罗叙述殷朝、周朝盛世的诗篇，往下包括记录周幽王、周厉王时礼乐残缺情景的诗篇。《诗经》全书从描写男女关系的诗篇开始，所以说：『《关雎》为《国风》的第一篇，《鹿鸣》为《小雅》的第一篇，《文王》为《大雅》的第一篇，《清庙》为《颂》的第一篇。』三百零五篇诗，孔子都用琴瑟伴奏而一一歌唱过，以求符合《韶》《武》《雅》《颂》的音律。礼仪、音乐从此又可得到而称述记录，以此具备了王道的礼乐制度，编成了《礼》《乐》《书》《诗》《易》《春秋》六经。

孔子晚年喜好研究《周易》，编撰《彖辞》《系辞》《象辞》《说卦》《文言》等，解说《周易》的《易传》。孔子反复阅读《周易》，以致编连简册的绳子多次断开。他说：『再给我几年时间，像这样的话，我对《周易》就能融会贯通了。』

孔子用《诗》《书》《礼》《乐》进行教授，弟子大约有三千，其中一身兼通六经的有七十二人。像颜浊邹之流的门徒，略微接受过学业的就更加众多了。

孔子设立四种教学内容：文献，行为，忠恕，信用。戒绝四种陋习：不随意猜测，不固执己见，不孤陋寡闻，不突出自己。他所谨慎对待的有：斋戒，战争，疾病。孔子对自己很少讲到利益、命运和仁德。对弟子不到为渴求知识而急得不知如何是好的地步就不去启发，不能举一反三，便不再教他。

孔子在乡里，谦恭谨慎好似不会讲话的人。他在宗庙朝廷，明白流畅地发言，只是慎重小心罢了。上朝的时候，与上大夫交谈，不卑不亢；与下大夫交谈，和颜悦色。

孔子进入国君的大门，弯着身子十分恭敬谨慎的样子；小步快走向前，小心翼翼的样子。国君召见派他接引宾客，神色庄严肃穆。国君下令召见，不等驾好车马就上路。

鱼臭烂，肉腐败，牲体部位切割得不合规定，他就不吃。座席位置朝向摆放不合礼制，他就不坐。

在有丧事的人旁边吃饭，他不曾吃饱过。这一天哭过，就不再唱歌。看见穿丧服的人、瞎了眼睛的人，即是儿童也必定变得严肃起来。

『三个人在行走，其中必定能得到我可效法的人。』『道德不能修养，学问不能讲习，闻知正义不能追随，不好的地方不能改正，这是我的忧虑啊。』孔子让人唱歌，唱得好的话，就让他再唱一次，然后自己和他。

孔子不谈论：怪异，暴力，祸乱，鬼神。

子贡说：『老师整理的文献典籍，可以听得到。但老师谈论天道和性命的话，不能听得到啊。』颜渊感慨地叹息道：『仰望老师的形象越来越觉得高大，钻研老师的学问越来越感到坚实。眼看就在前面，忽然又在后边。老师循序渐进善于诱导人们，用文献来广博我们的知识，用礼义来约束我们的言行，使得我们想要停下来也不可能。竭尽我们的才智后，好像有所建树，有点特立超群的感觉。但想要继续跟进，又无从下手了。』住在达巷党的一个人说：『伟大啊孔子，博学洽闻却没有用以成名的专长。』孔子听到这话后说：『我干什么呢？干驾车呢？还是当射手呢？我就干驾车了。』弟子牢说：『您说过：「因为不得任用，所以学会了一些手艺。」』

鲁哀公十四年春季，在大野泽打猎。叔孙氏的车夫子鉏商猎获一头野兽，认为不吉祥。孔子细看野兽，说：『是麒麟啊。』就取走了。孔子说：『黄河不再出现河图，洛水不再出现洛书，我也该完了啊！』颜渊死了，孔子说：『上天要让我死啊！』等到在鲁国西部打猎见到麒麟，孔子说：『我的道路到头了！』感慨地叹息说：『没人知道我啊！』子贡问：『为什么没人知道您？』孔子说：『不怨天，不怪人，我下学人事，上通天命，知道我的恐怕只有上天吧！』

『不降低自己的志向，不玷污自己的人格，那就是伯夷、叔齐吧！』孔子认为『柳下惠、少连降低志向，玷污人格了』。认为『虞仲、夷逸二人避世隐居，放浪言论，品行堪称清白，放弃仕途合乎权变』。孔子说：『我却和他们不同，没有什么可以也没有什么不可以。』

孔子说：『不行了不行了，君子痛恨活了一辈子而名声不被人们称道。我的主张不能实行了，我用什么将自己显现给后人呢？』于是利用鲁国史官的记载撰作《春秋》，上溯至鲁隐公，下讫于鲁哀公十四年，包括十二位君主。以鲁国为中心，以周王室为亲承的前朝，以殷代为隔朝的故旧，将道统贯穿于三代。简约精练其中的文辞而意旨博大恢宏。所以吴国、楚国的君主自称为王，但《春秋》贬称他们为『子』；晋文公在践土的盟会实际上是他召来周天子，但《春秋》避讳此事写作『天王狩于河阳』：推衍这类《春秋》笔法来绳正当时的世道。《春秋》中褒贬的大义，后代有王者兴起的话，就能推广开来。《春秋》大义实行之后，那么天下的乱臣贼子便都害怕了。

孔子在司寇职位上审理诉讼案件时，判词有可以和别人相同处，就不独自决断。至于撰作《春秋》，他认为该写的就写，该删的就删，即使是子夏之流的高足弟子也不能改动一字一句。弟子们听受《春秋》时，孔子说：『后代了解我的凭这部《春秋》，而怪罪我的也凭这部《春秋》。』

第二年，子路在卫国死去。孔子病重，子贡请求见面。孔子正拄着手杖在门口闲逛，说：『赐，你来得为什么这样迟啊？』孔子因此叹息，歌唱道：『泰山在崩溃啊！栋梁在折断啊！哲人在死亡啊！』接着潸然泪下。对子贡说：『天下没有王道很久了，没有人能尊崇我。夏人死后在东边的台阶上停灵，周人死后在西边的台阶上停灵，殷人死后则在厅堂前的两根柱子间停灵。昨天夜晚我做梦坐定在堂前两根柱子之间，我的始祖是殷人啊。』此后第七天孔子去世。

孔子享年七十三岁，于鲁哀公十六年四月己丑日去世。

鲁哀公撰写诔文悼念孔子道：『上天不行善，不姑且留下这位老人，让他辅佐余一人在位为君，孤独无依的我忧心忡忡。呜呼哀哉！仲尼老人，再也没有人来用礼法来要求我了。』子贡说：『国君恐怕不能在鲁国寿终正寝了吧！老师的话说：「礼仪丧失就会昏乱，名分丧失就会谬误。」丧失意志叫作昏乱，丧失身份叫作谬误。生前不能重用，死后才作诔悼念他，不合礼制啊。自称「余一人」，不合名分啊。』

孔子被安葬在鲁国都城北面的泗水之滨，弟子们都服三年之丧。三年心丧完毕，互相告别而离去，就最后痛哭一场，各人再次尽情致哀；有的人又留下。只有子贡在坟地上盖了房子继续服丧，前后总共六年，然后才离开。孔子弟子以及鲁国人前往依傍墓冢安家的有一百多户，因此取名叫孔里。鲁人世世代代相传一年四季按时供奉祭祀孔子的坟墓，儒生们还在孔子坟前讲习礼仪，举行乡饮大射之礼。孔子的坟地有一顷大。原先孔子住所的厅堂、弟子们的居室，后代就此建庙，收藏孔子的衣冠、琴瑟、车辆、书籍，一直到汉代经历二百多年仍没有毁坏。汉高祖经过鲁地，用太牢之礼祭祀孔子，受封的诸侯王、卿、相到达鲁地，经常是先谒拜孔庙然后就任从政。

孔子生下鲤，字伯鱼。伯鱼享年五十岁，比孔子先死。

伯鱼生下伋，字子思，享年六十二岁。曾经在宋国受困。子思撰作《中庸》。

子思生下白，字子上，享年四十七岁。子上生下求，字子家，享年四十五岁。子家生下箕，字子京，享年四十六岁。子京生下穿，字子高，享年五十一岁。子高生下子慎，享年五十七岁，曾经担任魏国之相。

子慎下生鲋，享年五十七岁，当过陈王涉的博士，死在陈县城下。

孔鲋的弟弟子襄，享年五十七岁。曾经担任汉惠帝的博士，后来迁升为长沙太守。身高九尺六寸。

子襄生下忠，享年五十七岁。忠生下武，武生下延年和安国。孔安国为当今皇帝的博士，官至临淮太守，早年去世。孔安国生下卬，卬生下欢。

太史公说：《诗经》有这样的话：『巍峨的高山令人仰望，宽阔的大路让人行走。』尽管我不能回到孔子的时代，然而内心非常向往。我阅读孔氏的书籍，可以想见到他的为人。去到鲁地，观看仲尼的宗庙厅堂、车辆服装、礼乐器物，儒生们按时在孔子故居演习礼仪，我流连忘返以至留在那里无法离去。天下从君王直至贤人，实在是很多了，生前都荣耀一时，死后也就完了。孔子是个平民，传世十几代，学者尊崇他。上起天子王侯，中原凡是讲习六经的都要以孔夫子为标准来判断是非，孔子可说是至高无上的圣人了！

汉书

惠帝纪第二

孝惠皇帝，高祖太子也，母曰吕皇后。帝年五岁，高祖初为汉王。二年，立为太子。十二年四月，高祖崩。五月丙寅，太子即皇帝位，尊皇后曰皇太后。赐民爵一级。中郎、郎中满六岁爵三级，四岁二级。外郎满六岁二级。中郎不满一岁一级。外郎不满二岁赐钱万。宦官尚食比郎中，谒者、执盾、执戟、武士、驺比外郎。太子御骖乘赐爵五大夫，舍人满五岁二级。赐给丧事者，二千石钱二万，六百石以上万，五百石、二百石以下至佐史五千。视作斥上者，将军四十金，二千石二十金，六百石以上六金，五百石以下至佐史二金。减田租，复十五税一。爵五大夫、吏六百石以上及宦皇帝而知名者有罪当盗械者，皆颂系。上造以上及内外公孙、耳孙有罪当刑及当为城旦舂者，皆耐为鬼薪、白粲。民年七十以上若不满十岁有罪当刑者，皆完之。又曰：『吏所以治民也，能尽其治则民赖之，故重其禄，所以为民也。今吏六百石以上父母妻子与同居，及故吏尝佩将军、都尉印将兵，及佩二千石官印者，家唯给军赋，他无有所与。』

令郡诸侯王立高庙。

元年冬十二月，赵隐王如意薨。民有罪，得买爵三十级以免死罪。赐民爵，户一级。

春正月，城长安。

二年冬十月，齐悼惠王来朝，献城阳郡以益鲁元公主邑，尊公主为太后。

春正月癸酉，有两龙见兰陵家人井中，乙亥夕而不见。陇西地震。

夏旱。郃阳侯仲薨。秋七月辛未，相国何薨。

三年春，发长安六百里内男女十四万六千人城长安，三十日罢。

以宗室女为公主，嫁匈奴单于。

夏五月，立闽越君摇为东海王。
六月，发诸侯王、列侯徒隶二万人城长安。
秋七月，都厩灾。南越王赵佗称臣奉贡。
四年冬十月壬寅，立皇后张氏。
春正月，举民孝弟、力田者复其身。
三月甲子，皇帝冠，赦天下。省法令妨吏民者；除挟书律。长乐宫鸿台灾。宜阳雨血。
秋七月乙亥，未央宫凌室灾；丙子，织室灾。
五年冬十月，雷；桃李华，枣实。
春正月，复发长安六百里内男女十四万五千人城长安，三十日罢。
夏，大旱。
秋八月己丑，相国参薨。
九月，长安城成。赐民爵，户一级。
六年冬十月辛丑，齐王肥薨。
令民得卖爵。女子年十五以上至三十不嫁，五算。
夏六月，舞阳侯哙薨。
起长安西市，修敖仓。
七年冬十月，发车骑、材官诣荥阳，太尉灌婴将。
春正月辛丑朔，日有蚀之。夏五月丁卯，日有蚀之，既。
秋八月戊寅，帝崩于未央宫。九月辛丑，葬安陵。

赞曰：孝惠内修亲亲，外礼宰相，优宠齐悼、赵隐，恩敬笃矣。闻叔孙通之谏则惧然，纳曹相国之对而心说，可谓宽仁之主。曹吕太后亏损至德，悲夫！

【译文】

孝惠皇帝，名盈，是汉高祖刘邦的太子，母亲是吕皇后吕雉。惠帝五岁时，高祖初封为汉王，二年，立惠帝为太子。十二年四月，高祖驾崩。五月丙寅日，太子即位为皇帝，尊吕皇后为皇太后。赐给民爵位一级。中郎、郎中官历满六年者赐爵三级，满四年者二级。外郎满六年者二级。中郎不满一年者一级。外郎不满两年者赐万钱。宦官主管饮食者比同郎中。谒者、执楯、执戟、武士、驺与外郎同。太子御乘赐给五大夫爵位，舍人满五年者赐二级。主办丧事者，两千石官赐给二万钱，六百石以上者赐万钱，五百石、二百石以下至佐史赐五千钱。比作开拓土地为冢圹者，将军赐给金四十斤，两千石官金二十斤，六百石以上金六斤，五百石以下至佐史金二斤。恢复实行十五纳税一的制度。爵位为五大夫、吏六百石以上官及早侍皇帝而知名者，有罪当加刑械，可宽容松缓刑械。上造以上及内外公孙耳孙有罪当判刑及刑当为城旦、舂者，都减为鬼薪、白粲刑。民七十以上及不满十岁犯罪当加刑者，都可免肉刑，使身体发肤完整。又说：『官吏的职责是治理人民，如果能尽职尽责，就会得到人民的信赖，因此给他们重的俸禄，也是为了人民。今百石以上的官吏，与父母妻子同居，以及曾佩带将军都尉印信将领过士兵的故吏及佩带两千石官印者，每家都供给军赋，其他不予供给。』

命令各郡及各诸侯王国都建立高祖刘邦庙。

孝惠皇帝元年冬季十二月，赵隐王刘如意去世。人民有罪，可以买爵三十级以免死罪。赐民爵，每户一级。

春季正月，筑建长安城。

二年冬季十月，齐悼惠王刘肥到京师来朝见，献城阳郡给鲁元公主，用以增加公主的食邑，并尊称公主为鲁元太后。

春季正月癸酉，有两条龙出现在兰陵平民家井中，乙亥傍晚时消失。陇西发生地震。

夏季干旱。郃阳侯刘喜去世。秋季七月辛未，丞相萧何去世。
三年春季，征发长安六百里以内男女十四万六千人筑建长安城三十天。
遴选宗室女封为公主，嫁给匈奴单于。
夏季五月，封闽越君摇为东海王。
六月，征发诸侯王、列侯所属徒隶二万人筑建长安城。
秋季七月，都城马棚火灾。南越王赵佗称臣并奉献贡品。
四年冬季十月壬寅，封张敖女张氏为皇后。
春季正月，选举平民中孝顺父母，尊敬兄长并努力耕种田地，即孝悌力田者，免除其赋税徭役。
三月甲子，皇帝二十岁举行加冠典礼，大赦天下。撤销妨碍官吏治理及干扰平民的法令；废除秦朝挟书者灭全族的挟书律。长乐宫鸿台火灾，宜阳下血雨。
秋季七月乙亥，未央宫存冰的凌室火灾；丙子，主织各类丝织品的织室火灾。
五年冬季十月，打雷。桃树李树开花，枣树结果实。
春季正月，再征发长安六百里以内男女十四万五千人，筑建长安城三十日。
夏季大旱。
秋八月己丑，丞相曹参去世。
九月，长安城建成。赐民爵，每户一级。
六年冬季十月辛丑，齐王刘肥去世。
法令规定平民可以买爵位。女子年十五以上至三十不嫁者，罚一算一百二十钱的五算钱。
夏季六月，舞阳侯樊哙去世。

开始建造长安商业西市，修缮敖仓。

七年冬季十月，征调骑兵及弓箭部队，进驻荥阳，由太尉灌婴率领。

春季正月辛丑为初一，日食。夏季五月丁卯，日全食。

秋季八月戊寅，孝惠皇帝于未央宫驾崩。九月辛丑。葬惠帝于安陵。

赞说：孝惠皇帝内修品德，亲爱宗族亲属，外礼臣僚，敬重礼遇宰相，优待宠幸兄长齐悼惠王刘肥及幼弟赵隐王刘如意，对他们恩敬友悌，笃厚亲情。臣下叔孙通进谏，则闻过失色，丞相曹参廷对，则心悦纳谏，惠帝真可说是一位宽厚仁爱的君主。但因吕太后故，致使惠帝的美德有所亏损，可叹！可悲！

韩信传第四

韩 信

韩信，淮阴人也。家贫无行，不得推择为吏，又不能治生为商贾，常从人寄食。其母死无以葬，乃行营高燥地，令傍可置万家者。信从下乡南昌亭长食，亭长妻苦之，乃晨炊蓐食。食时信往，不为具食。信亦知其意，自绝去。至城下钓，有一漂母哀之，饭信，竟漂数十日。信谓漂母曰：『吾必重报母。』母怒曰：『大丈夫不能自食，吾哀王孙而进食，岂望报乎！』淮阴少年又侮信曰：『虽长大，好带刀剑，怯耳。』众辱信曰：『能死，刺我；不能，出胯下。』于是信孰视，俯出胯下。一市皆笑信，以为怯。

及项梁度淮，信乃杖剑从之，居戏下，无所知名。梁败，又属项羽，为郎中。信数以策干项羽，羽弗用。汉王之入蜀，信亡楚归汉，未得知名，为连敖。坐法当斩，其畴十三人皆已斩，至信，信乃仰视，适见滕公，曰：『上不欲就天下乎？而斩壮士！』滕公奇其言，壮其貌，释弗斩。与语，大说之，言于汉王。汉王以为治粟都尉，上未奇之也。

数与萧何语，何奇之。至南郑，诸将道亡者数十人。信度何等已数言上，不我用，即亡。何闻信亡，不及以闻，自追之。人有言上曰：『丞相何亡。』上怒，如失左右手。居一二日，何来谒。上且怒且喜，骂何曰：『若亡，何也？』何曰：『臣非敢亡，追亡者耳。』上曰：『所追者谁也？』曰：『韩信。』上复骂曰：『诸将亡者已十数，公无所追；追信，诈也。』何曰：『诸将易得，至如信，国士无双。王必欲长王汉中，无所事信；必欲争天下，非信无可与计事者。顾王策安决。』王曰：『吾亦欲东耳，安能郁郁久居此乎？』何曰：『王计必东，能用信，信即留；不能用信，信终亡耳。』王曰：『吾为公以为将。』何曰：『虽为将，信不留。』王曰：『以为大将。』何曰：『幸甚。』于是王欲召信拜之。何曰：『王素嫚无礼，今拜大将如召小儿，此乃信所以去也。王必欲拜之，择日斋戒，设坛场具礼，乃可。』王许之。诸将皆喜，人人各自以为得大将。至拜，乃韩信也，一军皆惊。

信已拜，上坐。王曰：『丞相数言将军，将军何以教寡人计策？』信谢，因问王曰：『今东乡争权天下，岂非项王邪？』上曰：『然。』信曰：『大王自料勇悍仁强孰与项王？』汉王默然良久，曰：『弗如也。』信再拜贺曰：『唯信亦以为大王弗如也。然臣尝事项王，请言项王为人也。项王意乌猝嗟，千人皆废，然不能任属贤将，此特匹夫之勇也。项王见人恭谨，言语姁姁，人有病疾，涕泣分食饮，至使人有功，当封爵，刻印刓，忍不能予，此所谓妇人之仁也。项王虽霸天下而臣诸侯，不居关中而都彭城；又背义帝约，而以亲爱王，诸侯不平。诸侯之见项王逐义帝江南，亦皆归逐其主，自王善地。项王所过亡不残灭，多怨百姓，百姓不附，特劫于威，强服耳。名虽为霸，实失天下心，故曰其强易弱。今大王诚能反其道，任天下武勇，何不诛！以天下城邑封功臣，何不服！以义兵从思东归之士，何不散！且三秦王为秦将，将秦子弟数岁，而所杀亡不可胜计，又欺其众降诸侯。至新安，项王诈坑秦降卒二十余万人，唯独邯、欣、翳脱。秦父兄怨此三人，痛于骨髓。今楚强以威王此三人，秦民莫爱也。大王之入武关，秋毫亡所害，除秦苛法，与民约，法三章耳，秦民亡不欲得大王王秦者。于诸侯之约，大王当王关中，关中民户知之。王失职之蜀，民亡不恨者。今王举而东，三秦可传檄而定也。』于是汉王大喜，自以为得信晚。遂听信计，部署诸将所击。

汉王举兵东出陈仓，定三秦。二年，出关，收魏、河南，韩、殷王皆降。令齐、赵共击楚彭城，汉兵败散而还。信复发兵与汉王会荥阳，复击破楚京、索间，以故楚兵不能西。

汉之败却彭城，塞王欣、翟王翳亡汉降楚，齐、赵、魏亦皆反，与楚和。汉王使郦生往说魏王豹，豹不听，乃以信为左丞相击魏。信问郦生：『魏得毋用周叔为大将乎？』曰：『柏直也。』信曰：『竖子耳！』遂进兵击魏。魏盛兵蒲坂，塞临晋。信乃益为疑兵，陈船欲度临晋，而伏兵从夏阳以木罂缶度军，袭安邑。魏王豹惊，引兵迎信。信遂虏豹，定河东，使人请汉王：『愿益兵三万人，臣请以北举燕、赵，东击齐，南绝楚之粮道，西与大王会于荥阳。』汉王与兵三万人，遣张耳与俱，进击赵、代。破代，禽夏说阏与。信之下魏、代，汉辄使人收其精兵，诣荥阳以距楚。

信、耳以兵数万，欲东下井陉击赵。赵王、成安君陈馀闻汉且袭之，聚兵井陉口，号称二十万。广武君李左车说成安君曰：『闻汉将韩信涉西河，虏魏王，禽夏说，新喋血阏与。今乃辅以张耳，议欲以下赵，此乘胜而去国远斗，其锋不可当。臣闻「千里馈粮，士有饥色；樵苏后爨，师不宿饱。」今井陉之道，车不得方轨，骑不得成列，行数百里，其势粮食必在后。愿足下假臣奇兵三万人，从间路绝其辎重；足下深沟高垒勿与战。彼前不得斗，退不得还，吾奇兵绝其后，野无所掠卤，不至十日，两将之头可致戏下。愿君留意臣之计，必不为二子所禽矣。』成安君，儒者，常称义兵不用诈谋奇计，谓曰：『吾闻兵法「什则围之，倍则战。」今韩信兵号数万，其实不能，千里袭我，亦以罢矣。今如此避弗击，后有大者，何以距之？诸侯谓吾怯，而轻来伐我。』不听广武君策。

信使间人窥知其不用，还报，则大喜，乃敢引兵遂下。未至井陉口三十里，止舍。夜半传发，选轻骑二千人，人持一赤帜，从间道萆山而望赵军，戒曰：『赵见我走，必空壁逐我，若疾入，拔赵帜，立汉帜。』令其裨将传餐，曰：『今日破赵会食。』诸将皆呒然，阳应曰：『诺。』信谓军吏曰：『赵已先据便地壁，且彼未见大将旗鼓，未肯击前行，恐吾阻险而还。』乃使万人先行，出，背水阵。赵兵望见大笑。平旦，信建大将旗鼓，鼓行出井陉口，赵开壁击之，大战良久。于是信、张耳弃鼓旗，走水上军，复疾战。赵空壁争汉鼓旗，逐信、耳。信、耳已入水上军，军皆殊死战，不可败。信所出奇兵二千骑者，候赵空壁逐利，即驰入赵壁，皆拔赵旗帜，立汉赤帜二千。赵军已不能得信、耳等，欲还归壁，壁皆汉赤帜，大惊，以汉为皆已破赵王将矣，遂乱，遁走。赵将虽斩之，弗能禁。于是汉兵夹击，破虏赵军，斩成安君泜水上，禽赵王歇。

信乃令军毋斩广武君，有生得之者，购千金。顷之，有缚至戏下者，信解其缚，东乡坐，西乡对而师事之。

诸校效首虏休，皆贺，因问信曰：『兵法有「右背山陵，前左水泽」，今者将军令臣等反背水阵，曰破赵会食，臣等不服。然竟以胜，此何术也？』信曰：『此在兵法，顾诸君弗察耳。兵法不曰「陷之死地而后生，投之亡地而后存」乎？且信非得素拊循士大夫，经所谓「驱市人而战之」也，其势非置死地，人人自为战；今即予生地，皆走，宁尚得而用之乎！』诸将皆服曰：『非所及也。』

于是问广武君曰：『仆欲北攻燕，东伐齐，何若有功？』广武君辞曰：『臣闻「亡国之大夫不可以图存，败军之将不可以语勇」。若臣者，何足以权大事乎！』信曰：『仆闻之，百里奚居虞而虞亡，之秦而秦伯，非愚于虞而智于秦也，用与不用，听与不听耳。向使成安君听子计，仆亦禽矣。仆委心归计，愿子勿辞。』广武君曰：『臣闻「智者千虑，必有一失；愚者千虑，亦有一得」。故曰：「狂夫之言，圣人择焉」。顾恐臣计未足用，愿效愚忠。故成安君有百战百胜之计，一日而失之，军败鄗下，身死泜水上。今足下虏魏王，禽夏说，不旬朝破赵二十万众，诛成安君。名闻海内，威震诸侯，众庶莫不辍作怠惰，靡衣媮食，倾耳以待命者。然而众劳卒罢，其实难用也。今足下举倦敝之兵，顿之燕坚城之下，情见力屈，欲战不拔，旷日持久，粮食单竭。若燕不破，齐必距境而以自强。二国相持，则刘、项之权未有所分也。臣愚，窃以为亦过矣。』信曰：『然则何由？』广武君对曰：『当今之计，不如按甲休兵，百里之内，牛、酒日至，以飨士大夫，北首燕路，然后发一乘之使，奉咫尺之书，以使燕，燕必不敢不听。从燕而东临齐，虽有智者，亦不知为齐计矣。如是，则天下事可图也。兵故有先声而后实者，此之谓也。』信曰：『善。敬奉教。』于是用广武君策，发使燕，燕从风而靡。乃遣使报汉，因请立张耳王赵以抚其国。汉王许之。

楚数使奇兵渡河击赵，王耳、信往来救赵，因行定赵城邑，发卒佐汉。楚方急围汉王荥阳，汉王出，南之宛、叶，得九江王布，入成皋，楚复急围之。四年，汉王出成皋，渡河，独与滕公从张耳军修武。至，宿传舍。晨自称汉使，驰入壁。张耳、韩信未起，即其卧，夺其印符，麾召诸将易置之。信、耳起，乃知独汉王来，大惊。汉王夺两人军，即令张耳备守赵地，拜信为相国，发赵兵未发者击齐。

信引兵东，未度平原，闻汉王使郦食其已说下齐。信欲止，蒯通说信令击齐。语在《通传》。信然其计，遂渡河，袭历下军，至临菑。齐王走高密，使使于楚请救。信已定临菑，东追至高密西。楚使龙且将，号称二十万，救齐。

齐王、龙且并军与信战，未合。或说龙且曰：『汉兵远斗，穷寇久战，锋不可当也。齐、楚自居其地战，兵易败散。不如深壁，令齐王使其信臣招所亡城，城闻王在，楚来救，必反汉。汉二千里客居齐，齐城皆反之，其势无所得食，可毋战而降也。」龙且曰：「吾平生知韩信为人，易与耳。寄食于漂母，无资身之策；受辱于胯下，无兼人之勇，不足畏也。且救齐而降之，吾何功？今战而胜之，齐半可得，何为而止！」遂战，与信夹潍水陈。信乃夜令人为万余囊，盛沙以壅水上流，引兵半度，击龙且。阳不胜，还走。龙且果喜曰：「固知信怯。」遂追度水。信使人决壅囊，水大至。龙且军太半不得度，即急击，杀龙且。龙且水东军散走，齐王广亡去。信追北至城阳，虏广。楚卒皆降，遂平齐。

使人言汉王曰：「齐夸诈多变，反覆之国，南边楚，不为假王以填之，其势不定。今权轻，不足以安之，臣请自立为假王。」当是时，楚方急围汉王于荥阳，使者至，发书，汉王大怒，骂曰：「吾困于此，旦暮望而来佐我，乃欲自立为王！」张良、陈平伏后蹑汉王足，因附耳语曰：「汉方不利，宁能禁信之自王乎？不如因立，善遇之，使自为守。不然，变生。」汉王亦寤，因复骂曰：「大丈夫定诸侯，即为真王耳，何以假为！」遣张良立信为齐王，征其兵使击楚。

楚以亡龙且，项王恐，使盱台人武涉往说信曰：「足下何不反汉与楚？楚王与足下有旧故。且汉王不可必，身居项王掌握中数矣，然得脱，背约，复击项王，其不可亲信如此。今足下虽自以为与汉王为金石交，然终为汉王所禽矣。足下所以得须臾至今者，以项王在。项王即亡，次取足下。何不与楚连和，三分天下而王齐？今释此时，自必于汉王以击楚，且为智者固若此邪！」信谢曰：「臣得事项王数年，官不过郎中，位不过执戟，言不听，画策不用，故背楚归汉。汉王授我上将军印，数万之众，解衣衣我，推食食我，言听计用，吾得至于此。夫人深亲信我，背之不祥。幸为信谢项王。」

武涉已去，蒯通知天下权在于信，深说以三分天下，鼎足而王。语在《通传》。信不忍背汉，又自以功大，汉王不夺我齐，遂不听。

汉王之败固陵，用张良计，征信将兵会垓下。项羽死，高祖袭夺信军，徙信为楚王，都下邳。

信至国，召所从食漂母，赐千金。及下乡亭长，钱百，曰：「公，小人，为德不竟。」召辱己少年令出胯下者，以为中尉，告诸将相曰：「此壮士也。方辱我时，宁不能死？死之无名，故忍而就此。」

项王亡将钟离昧家在伊庐，素与信善。项王败，昧亡归信。汉怨昧，闻在楚，诏楚捕之。信初之国，行县邑，陈兵出入。有变告信欲反，书闻，上患之。用陈平谋，伪游于云梦者，实欲袭信，信弗知。高祖且至楚，信欲发兵，自度无罪，欲谒上，恐见禽。人或说信曰：『斩昧谒上，上必喜，亡患。』信见昧计事，昧曰：『汉所以不击取楚，以昧在。公若欲捕我自媚汉，吾今死，公随手亡矣。』乃骂信曰：『公非长者！』卒自刭。信持其首谒于陈。高祖令武士缚信，载后车。信曰：『果若人言，「狡兔死，良狗烹」。』上曰：『人告公反。』遂械信。至雒阳，赦以为淮阴侯。

信知汉王畏恶其能，称疾不朝从。由此日怨望，居常鞅鞅，羞与绛、灌等列。尝过樊将军哙。哙趋拜送迎，言称臣，曰：『大王乃肯临臣。』信出门，笑曰：『生乃与哙等为伍！』

上尝从容与信言诸将能各有差。上问曰：『如我，能将几何？』信曰：『陛下不过能将十万。』上曰：『如公何如？』曰：『如臣，多多益办耳。』上笑曰：『多多益办，何为为我禽？』信曰：『陛下不能将兵，而善将将，此乃信之为陛下禽也。且陛下所谓天授，非人力也。』

后陈豨为代相监边，辞信，信挈其手，与步于庭数匝，仰天而叹曰：『子可与言乎？吾欲与子有言。』豨因曰：『唯将军命。』信曰：『公之所居，天下精兵处也；而公，陛下之信幸臣也。人言公反，陛下必不信；再至，陛下乃疑；三至，必怒而自将。吾为公从中起，天下可图也。』陈豨素知其能，信之，曰：『谨奉教！』

汉十年，豨果反，高帝自将而往，信称病不从。阴使人之豨所，而与家臣谋，夜诈赦诸官徒奴，欲发兵袭吕后、太子。部署已定，待豨报。其舍人得罪信，信囚，欲杀之。舍人弟上书变告信欲反状于吕后。吕后欲召，恐其党不就，乃与萧相国谋，诈令人从帝所来，称豨已破，群臣皆贺。相国绐信曰：『虽病，强入贺。』信入，吕后使武士缚信，斩之长乐钟室。信方斩，曰：『吾不用蒯通计，反为女子所诈，岂非天哉！』遂夷信三族。

高祖已破豨归，至，闻信死，且喜且哀之，问曰：『信死亦何言？』吕后道其语。高祖曰：『此齐辩士蒯通也。』召欲亨之。通至自说，释弗诛。语在《通传》。

【译文】

韩信，淮阴县人。从小家庭贫穷，自己也没有好的品行，既不能被推选去做官，又不会做买卖以谋生，经常到别人家讨饭吃。他母亲死了，穷得无法安葬，就寻找了一块又高又干燥、四周宽敞的地方做坟地，以便日后在坟旁能安置下千万户人家。韩信曾投靠下乡南昌亭长家吃饭，亭长的妻子讨厌他，一天清早起来，把饭做好，端在床上吃掉。到吃早饭的时候，韩信去了，没有给他准备饭食，韩信知道她的用意，从此离去不再往来。韩信曾到城下钓鱼，有一位老妈妈在漂洗丝棉絮，很怜悯他，给他饭吃。一连几十天都是这样，直到漂洗完毕。韩信感激地对老妈妈说：『我将来一定要重重地报答你！』老人听了很生气，说：『你一个大丈夫不能养活自己，我是可怜你这位年轻人，才给你饭吃，难道是想要你的报答吗！』淮阴城里有个青年欺侮韩信说：『你虽然个子长得高大，还爱好佩带刀剑，可实际上胆怯得很！』并当众污辱韩信说：『你要是不怕死，就用剑刺我；你要是怕死，就从我的胯下爬过去。』于是韩信盯着那个青年人仔细地看了看之后，弯下身子，从他的裤裆下爬了过去。满街上看热闹的人都耻笑韩信，认为他没有出息，是个胆小鬼。

当项梁率军渡过淮水北上时，韩信带着剑去投奔他，在项梁的部下，做一个无名小卒。项梁失败后，又归属于项羽，项羽让他做郎中。韩信屡次向项羽献计献策，项羽不予采纳，不重用他。汉王刘邦进入汉中，韩信从楚军逃出来投奔汉王。在汉军中依然默默无闻，当个粮仓管理员。后来因犯法被判处死罚，同案犯的十三人都已斩首，轮到韩信时，韩信抬头仰视，正好看见滕公夏侯婴，就质问：『汉王不是想统一天下吗？为什么要杀掉壮士？』滕公觉得韩信的话不同一般，又看他相貌长得很威武，就把他释放了。和韩信谈话后，十分高兴，向汉王报告了情况。汉王任命韩信为治粟都尉，并没有重用他。

韩信多次与萧何交谈，萧何很赏识他的才能。汉军到达国都南郑，将领中在半路上逃跑的有几十名。韩信考虑萧何等人已数次向汉王推荐过他，可还是得不到重用，便也逃走了。萧何一听说韩信逃走了，十分着急，来不及向汉王报告，就亲自去追赶。有人向汉王报告说：『丞相萧何逃跑了。』汉王大怒，如同失去了左右手那样着急。过了两天，萧何来拜见汉王。汉王又是生气又是高兴，骂萧何道：『你也逃跑，这是为什么？』萧何回答说：『我哪里敢逃跑呢，我是去追赶逃跑的人。』汉王问：『你追赶的是谁？』萧何回答说：『是韩信。』汉王又骂道：『诸将领中逃跑的已有数十人之多，你一个都没有去追回，唯独去追韩信，这是在骗人。』萧何说：『那些一般的将领是容易得到的，至于像韩信这样杰出的人才，可以说是举世无双。大王你如果只想在汉中称王，那就没有什么事用得着韩信；如果一定要争夺天下，除了韩信，就再没有能和你商议大事的人了。这要看大王如何来决策。』汉王说：『我是想要向东方发展，哪里能闷着气老待在这个地方呢？』萧何说：『如果大王决计向东进军，能重用韩信，韩信就会留下来；如果不能重用韩信，韩信终究要逃跑的。』汉王说：『我看在你的面子上，就让他做一名将领吧？』萧何说：『即使让他做一名将领，韩信还是不会留下来的。』汉王说：『那就任命他为大将。』萧何说：『太好了！』于是汉王想要马上把韩信召来宣布对他的任命。萧何劝阻说：『大王你一向待人傲慢，不讲礼节，如今任命大将就像呼唤小孩子一样，这就是韩信之所以要离开的原因。如果大王决心要任命他，应选择个吉祥日子，沐浴斋戒，设置高坛和广场，举行正式的封拜大将仪式，这样才行啊。』汉王答应了萧何的要求。各将领听说汉王要设坛拜大将都很高兴，人人都自以为要当大将了。等到封拜仪式举行时，才知道大将竟是韩信，全军上下都感到惊讶。

韩信接受封拜大将的仪式结束后，汉王坐下来问韩信说：『丞相多次向我举荐将军，将军你有什么计策对我讲呢？』韩信表示谦让，乘机向汉王说：『当今在东方能和大王夺天下的，难道不就是项王吗？』汉王说：『当然是。』韩信说：『大王你自己估计，在勇猛、强悍和兵力等方面与项王相比谁更强？』汉王沉默了好大一会儿，说：『我不如项王。』韩信拜了两拜，赞同地说：『我韩信也认为大王不如他。然而，我过去曾事奉过项王，请让我谈谈项王的为人吧。项王怒喝一声，成百上千人都会吓得不敢动。但他不能任用有才能的将领，这只不过是一介匹夫的勇猛罢了。项王待人恭敬谦虚，言语温顺，有人生了病，会同情地落泪，把自己的饮食分给他吃，等到所任用的人立了功，应当加封爵位时，却把刻好的印信捏在手里，棱角都快磨光了还舍不得给人家，这就是所说的妇人的仁慈。项王虽然称霸天下，使诸侯臣服，但他不占据关中而定都彭城。又违背义帝对诸侯的约定，把他所亲信喜爱的人封为关中王，诸侯愤愤不平。诸侯看到项王把义帝驱逐到江南，也都回去驱逐自己原来的国君，占据富饶之地自立为王。项王军队所经过的地方，没有不遭到摧残、毁灭的，天下的百姓都怨恨他，内心并不愿意归附他，只不过是害怕他的威势，被迫服从罢了。名义上虽然他是天下的霸主，实际上早已失去了天下人心。所以说他的貌似强大很容易变成衰弱。如今大王果真能够采取和项王完全相反的做法，任用天下英勇善战的人才，还有什么敌人不能被消灭！把天下的城邑分封给有功之臣，还有什么人会不心服呢！率领正义之师又顺从了将士东归的心愿，还有什么敌人打不垮呢！况且分封在秦地的三个王都是原秦军的将领，率领秦地人民的子弟打仗多年，被杀死和逃亡的不计其数。又欺骗他们的部下投降了项羽。到了新安，项王用狡诈的手段，活埋了秦军已投降的士兵二十余万人，唯独章邯、司马欣和董翳三人得以脱身。秦地的父老兄弟怨恨这三个人，恨入骨髓。如今西楚霸王依仗威势，强行分封这三人为王，秦地的人民不会爱戴他们的。大王率军进入武关后，纪律严明，秋毫无犯，废除秦朝的苛刻法令，和三秦关中人民约法三章，秦地人民没有不盼望大王到秦地做王的。按照义帝与诸侯的约定，大王本当是关中王，关中百姓都知道这件事。大王失去了应得的关中王爵位而被贬到汉中，关中人民没有不怨恨的。如今大王发兵东进，三秦王所属封地只要一封文书传下去就可以平定。』于是汉王十分高兴，自认为得到韩信太迟了，随即按照韩信的计策，布置各位将领所攻击的目标。

汉王发兵经过陈仓向东进军，平定了三秦。汉二年，引兵出函谷关，收服了魏王和河南王，韩王、殷王也都投降。接着联合齐国、赵国的军队共同攻击楚都彭城，汉兵战败，溃散而还。韩信又发兵与汉王会师荥阳，进击楚的京县和索亭之间，大败楚军，因此，楚军不能西进。

汉军在彭城败退之后，塞王司马欣、翟王董翳从汉军逃跑出来，投降了楚军。齐国、赵国和魏国也都背叛汉王，与楚国讲和。汉王派郦食其游说魏王豹，魏豹不听，于是任命韩信为左丞相攻击魏国。韩信问郦生说：『魏国能不用周叔为大将吗？』郦生回答说：『大将是柏植。』韩信说：『他不过是个小孩子。』遂进军攻打魏国。魏王把重兵部署在蒲坂，封锁临晋关。韩信就增设疑兵，摆开船只，佯装要从临晋渡过河去，而把隐蔽行进的伏兵，从夏阳用木制的瓮、盆浮水渡河，偷袭安邑。魏王魏豹大为惊恐，急忙领兵迎击韩信，韩信就俘虏了魏豹，平定了河东。之后，韩信派人求见汉王说：『希望再增兵三万人，我请求乘胜北进，征服燕、赵两国，向东攻击齐国，向南断绝楚国的粮道，最后向西与大王会师荥阳。』汉王同意给韩信增兵三万，派张耳和韩信一起，向北攻打赵国和代国。打垮了代军，在阏与活捉了夏说。韩信攻取魏国和代国后，汉王就派人调回他的精锐部队，开到荥阳抗拒楚军。

韩信和张耳率领数万军队，想要东进拿下井陉关，攻打赵国。赵王和成安君陈馀听说汉军将要来袭击赵，就集结重兵扼守井陉口，号称二十万。广武君李左车给成安君献计策说：『我听说汉将韩信渡过西河，俘虏了魏王，后捉了夏说，刚刚血战阏与。现在又以张耳为辅助，计议要攻打赵国，这是乘胜而远离国土的战斗，进攻的锋芒锐不可当。但我听说「从千里之外运送军粮，士兵就会面有饥色；临时打柴割草来做饭，军队就经常不能吃饱」。如今井陉关口的道路狭窄，不能通过并行的两辆战车，骑兵不能排成行列行进，大部队行军前后数百里，那种形势下军粮一定是在部队的后面。希望你暂且借我精兵三万，从小路去拦截他们的辎重粮草。你要深挖战壕，高筑营垒，拒不迎战。他们向前进不能交战，向后退不能回去。我率奇袭部队截断他们的后路，使他们在野外抢掠不到任何粮食，不到十天，两位将领的首级就能送到你的帐前。希望你认真考虑我的计策，我保证你一定不会为二子所俘虏。』成安君是个书呆子，经常宣称正义的军队不使用诈谋诡计，说道：『我听说兵法上讲「兵力超过敌人十倍就可以包围他们，超过一倍就可以交战」。如今韩信的军队号称几万，其实没有那么多，且千里跋涉来袭击我们，也已精疲力竭了。现在对这样的敌人还退避不出击，以后如遇到更强大的敌人，我们怎样来抗拒呢？诸侯会认为我们胆怯，而轻易地来攻打我们。』因而他没有采纳广武君的计策。

韩信派暗探刺探到陈馀不采用广武君的计策，回来报告，韩信大喜，才敢率军直下井陉关，离井陉口不到三十里的地方停下来宿营。半夜时传令出发，挑选了两千名轻装骑兵，每人拿一面红旗，从小道上山，隐蔽在山上观察赵军，告诫大家说：『赵军看到我军败退逃走，一定会倾巢出动追击我军，这时候你们火速冲进赵军营垒，拔掉赵军旗帜，插上汉军旗帜。』又让副将传令下去就地先吃点干粮，告诉将领们说：『今日攻破赵国之后举行会餐！』将领们都不敢相信，假装答应：『是的。』韩信又对执事军官说：『赵军已先占据了有利的地形，扎下营寨，并且他们在没有看到我军大将的旗鼓时，是不会出来攻击我军的先锋部队的，恐怕我们到了关隘的险要地方退了回去。』韩信于是调遣了一万人先出发，出了井陉口，背靠河水摆开阵势。赵军望见这种阵势大笑起来。天亮后，韩信竖起大将的旗号，擂响战鼓，大张旗鼓地走出井陉口。赵军打开营垒，攻击汉军，激战了很长时间。这时，韩信和张耳假装不能支持，抛弃旗鼓急速逃入在水边列阵的军中，回头又进行激战。赵军果然倾巢出动争抢汉军的旗鼓，追赶韩信和张耳。韩信和张耳已进入河边的军阵，将士们都拼死决战，不可能被打败。韩信派出去的那两千轻骑兵部队，等到赵军倾巢出动争夺战利品的时候，就飞速冲进赵军营垒，全部拔掉赵军的旗帜，插上汉军的两千面红旗。赵军看到已不能取胜，捉不住韩信和张耳等人，想要退回营垒，发现营垒都是汉军红旗，大为惊慌，以为汉军都已打败了赵王和他的将领，阵势大乱，纷纷逃跑。赵军将领虽斩杀逃兵，但无法阻止。于是汉军前后夹击，大败赵军，俘虏大批人马，在泜水边斩了成安君陈馀，活捉了赵王歇。

韩信传令军中，不得斩杀广武君，有谁能活捉到他，奖赏千金。不一会儿，就有人捆绑着广武君送到军营，韩信立即解开了他身上捆绑的绳索，请他面向东坐，自己面向西对坐，像对待老师那样对待他。

各将领献完首级和俘虏，都向韩信祝贺，乘机问韩信道：『兵法上说「布列军阵右边和背后靠山，前面和左边靠水」，这次将军反而命令我们背水列阵，还说打败赵军会餐，我们心里都不信服。然而竟然胜利了，这是什么战术呢？』韩信说：『这种列阵的兵法上是有的，只不过诸位没有留神看就是了。兵法上不是说「陷入死地而后苦战得生，处在绝境而后死战得存」吗？况且我韩信率领的并不是平素受到我长期训练而完全听从我指挥的将士，这就是兵书上所说的「临时驱赶着市民去打仗」，这种形势下，非把士兵置于死地，让他们人人自动为生存而奋勇作战不可；如果把军队部署在容易逃命的开阔地，都会不战而逃跑，怎么能用他们来克敌制胜呢！」将领们都佩服地说：『将军这样高的谋略不是我们所能赶得上的。』

于是韩信问广武君道：『我想向北攻取燕国，向东讨伐齐国，你看怎样才能获得成功？』广武君谦让说：『我听说「亡了国的臣子不配谋划国家的存亡，打了败仗的将领没有资格谈论勇敢」。像我这样一个兵败国亡的俘虏，哪里用得着商量大事呢？』韩信说：『我听说，百里奚在虞国而虞国灭亡，到了秦国而秦国称霸，并不是他在虞国时愚蠢而到了秦国就聪明了，而是在于国君用不用他，采纳不采纳他的意见。假使当初成安君听了你的计策，我韩信也早被你俘虏了。我完全听从你的计策，希望你不要推辞。』广武君说：『我听说「智者千虑必有一失；愚者千虑必有一得」。所以说「即使是狂人的话，圣人也可以有选择地采纳」。不过恐怕我的计策不一定值得听取，但我愿意向你奉献我的诚心。本来成安君有百战百胜的计策，然而一旦失策，军队在鄗城之下战败，自己也死于泜水之上。如今将军俘虏魏王，活捉夏说，不到一上午打垮赵军二十万，杀成安君。名扬天下，威震诸侯，连敌国的农夫都预感大军即到无不放弃耕作，心灰意懒，好吃好穿，侧起耳朵等待你下令进军的消息。然而，你的部队已经很疲惫，实际上难以继续作战。如今将军率领这样疲惫的士兵，困顿在燕国坚固的城池下面，实情暴露给敌人，声势削弱了，想要攻城攻不下，旷日持久，粮食耗尽。如果燕国攻不破，齐国必然拒守边境，使自己强大起来。汉军与燕、赵二国相持下去，那么刘邦和项羽两方的轻重就分不出来了。我的见识浅陋，但私下认为攻燕伐齐也是一种失策啊。』韩信说：『那该怎么办呢？』广武君回答说：『现在最好的办法，不如按兵不动。这样方圆百里之内，每天都有人送来牛肉美酒，宴请将领们，摆出向北进攻燕国的样子，然后派一名使者，拿着一封书信，到燕国去，燕国一定不敢不听，降服了燕国，大军东向逼近齐国，虽有聪明的人，也不知道该怎样替齐国谋划了。这样，争夺天下的事就可以实现了。用兵本来有先虚张声势后采取实际行动的，我所说的就是这种情况。』韩信说：『很好，感谢你的赐教。』

于是采用广武君的计策，派使者出使燕国，燕国听到消息立即投降。韩信即派人报告汉王，并因此请求立张耳为赵王，以镇抚赵国。汉王答应了他的请求。

楚国多次派突袭部队渡过黄河袭击赵国，赵王张耳和韩信往来救援，就在军队的过往中安定了赵国的城邑，后又调派军队去支援汉王。楚军正把汉王紧紧围困在荥阳，汉王突围出来，向南到宛县、叶县一带，收服了黥布，进入成皋，楚军又急忙包围了他们。汉四年，汉王逃出成皋，渡过黄河，独自与滕公投奔张耳军队的驻地修武县。到了修武，住在客馆里。第二天早晨，自称是汉王的使臣，骑马直入赵军营内。张耳和韩信还没有起床，汉王就在他们的卧室里夺取了他们的印信和兵符，用军旗召集将领，调换了他们的职位。韩信、张耳起来后，才知道汉王一个人来到营内，大吃一惊。汉王夺了两人的军队，就命令张耳防守赵地，任命韩信为相国，征发赵国没有调到荥阳去的军队攻打齐国。

韩信领兵东进，还没有渡过平原津，听说汉王已经派郦食其说服齐王归顺了。韩信想要停止前进，蒯通劝韩信继续进攻齐国，此事记载在《通传》。韩信认为他的计策是对的，就领兵渡过黄河，袭击齐国历下的军队，乘胜打到齐国都城临淄。齐王田广逃到高密，派使者到楚国请求援救。韩信平定了临淄，向东追赶齐王到高密西面。楚王也派龙且统率兵马，号称二十万，援救齐国。

齐国田广和楚将龙且的军队联合起来准备和韩信大战，还未交锋。有人劝龙且说：『汉兵远离本土作战，是久经战斗而没有退路的敌人，进攻的锋芒不可阻挡。齐、楚两军在自己的地域内作战，士兵容易逃散。不如深沟高垒，坚守不战，让齐王派他的亲信大臣去招抚丢失的城邑，这些城邑的人民听到齐王还在，楚军又来援救，一定会反叛汉军。汉军客居在两千里以外的齐国，齐国的城邑都反叛了他们，那种情况下必然没有地方得到粮食，可以不战而使汉军投降。』龙且说：『我向来了解韩信的为人，他是容易对付的。过去曾依靠漂洗丝棉絮的老妈妈吃饭，连养活自身的办法都没有；还当众受到过从人家胯下爬过去的侮辱，没有胜过他人的勇气，没有什么可怕的。况且我来援救齐国，不战而使韩信投降，那我还有什么功劳呢？如果通过交战而战胜了他，齐国一半土地就可以封给我，为什么不战！』于是决定交战，与韩信隔着潍水摆开阵势。韩信就连夜派人做了一万多个袋子，装满沙子堵住潍水的上游，带领一半部队渡过河袭击龙且。假装战败，往回跑。龙且果然高兴地说：『我本来就知道韩信很胆怯。』便渡潍水追击韩信。韩信派人挖开堵塞河水的沙袋，河水汹涌而下。龙且的部队大半不能渡过去，韩信立即猛烈截杀，杀死了龙且。龙且在潍水东岸的部队，四散逃走，齐王田广也逃跑了。韩信追击败兵到城阳，俘虏了齐王田广，楚军的士兵全部投降。就这样平定了齐国。

韩信派人向汉王上书说：『齐国狡诈多变，是个反复无常的国家，南边又靠近楚国，如果不设立一个代理国王来镇抚，那局势就不会稳定。现在我的权力太小，不足以安定齐地，我请求自立为代理齐王。』正当这个时候，楚军把汉王紧紧围困在荥阳，韩信的使者来到。汉王打开书信一看，大发雷霆，骂道：『我被围困在这里，日夜盼望你来辅助我，你竟要自立为王！』张良、陈平在后面暗中踩了一下汉王的脚，便凑近他的耳朵说：『汉军正处在不利的形势，怎么能够禁止韩信自己称王呢？不如就此机会立他为王，好好对待他，让他自己镇守齐国，不这样，就可能发生反叛的事变。』汉王也明白过来，又骂道：『大丈夫平定了诸侯，就应当做真王，为什么要做代理国王！』于是派张良前去，立韩信为齐王，征调他的部队攻打楚军。

楚国已丧失了大将龙且，项王恐惧，派盱台人武涉前去游说齐王韩信说：『足下为什么不反叛汉王归附楚国呢？楚王与足下有旧的交情。况且汉王很不可信，他落在项王手里好几次，但他一脱身，就背弃盟约，又来进攻项王，他不可亲近和信任到了这种程度。为今足下虽然自认为与汉王有牢固的交情，但终究要被他擒拿的。足下所以能够延迟到今天，就是因为项王还在。一旦项王被灭亡，就轮到收拾你了。为什么不和楚国联合，成为三分天下有其一的齐王呢？现在放过这个机会，自己必定要投靠汉王攻击楚国，作为一个聪明人，原来就是这样的吗？』韩信辞谢说：『我曾有机会事奉项王多年，官不过是个郎中，职位不过是持戟的卫士，我进的言不听，献的计策不用，所以才背离楚国而归从汉国。汉王授予我上将军印信，让我统领数万人马，脱下自己衣服给我穿，把自己的食物分给我吃，听从我的意见，采纳我的计谋，所以我才能达到现在的地位。人家这样真诚地亲近和信任我，我背叛了人家，是不会有好结果的。希望你替我韩信辞谢项王。』

武涉走后，蒯通知道天下的定局关键在于韩信，进一步用三分天下鼎足而王的观点说服韩信。他的话记载在《通传》。韩信不忍心背叛汉王，又自认为功劳很大，汉王不会夺取自己的齐国，便不听蒯通的话。

汉王在固陵打了败仗，采用张良的计策，征召韩信率领部队到垓下会师。项羽死后，汉高祖用突然袭击的办法夺取了韩信的军权，改封齐王韩信为楚王，定都下邳。

韩信到了楚都，召见过去曾给他吃的那位漂母，赠送她一千金。还有下乡亭长，赠送他一百钱，说：『你是小人，做好事有始无终。』又召见曾经侮辱自己，叫自己从胯下爬过去的那个年轻人，任命他做楚国的中尉。韩信对各位将相说：『这是个壮士。当他侮辱我时，我难道不能杀死他吗？但杀死他没有名目，所以忍了下来，才达到今天这样的成就。』

项王的逃亡将领钟离眛，家住伊庐，向来和韩信友好。项王死后，他逃归韩信。汉王怨恨钟离眛，听说他在楚国，就下令楚国逮捕他。韩信刚到楚国时，巡行各县邑，进出都派军队警卫。有人上书告发楚王韩信谋反，看到告发信，汉高祖有些担忧。他采用陈平的计谋，名义上去游览云梦泽，其实是要袭击韩信，韩信不知道。高祖将要到达楚国时，韩信想起兵反叛，但考虑自己没有罪过；想朝见皇帝，又担心被擒拿。有人劝韩信说：『杀了钟离眛去朝见皇帝，皇帝一定高兴，就没有祸患了。』韩信去见钟离眛商量此事，钟离眛说：『汉王之所以不攻取楚国，是因为我钟离眛在你这里。你如果要捉拿我去讨好汉王，我今天死了，你也会跟着送命的。』于是骂韩信道：『你不是一个忠厚诚实的人！』终于自杀了。韩信拿着钟离眛的首级，到陈县朝见汉高祖，汉高祖命令武士把韩信捆绑起来，装在后面的车上。韩信说：『果然像人们所说的「狡猾的兔子死了，优良的猎狗就要遭烹杀」。』皇帝说：『有人告发你谋反。』就给韩信戴上刑具。到了洛阳，赦免了韩信的罪过，封他为淮阴侯。

韩信知道汉王害怕和嫉妒自己的才能，装病不去参加朝见和随从皇帝出行。从此每天都心怀怨恨，待在家里闷闷不乐，羞与绛侯、灌婴处于同等地位。曾去拜访樊哙将军，樊哙用小步行拜的礼节迎送，口称臣子，说：『大王竟肯光临臣下家门。』韩信出门后，笑着说：『我这一生竟和樊哙等人处在同等地位！』

皇帝曾经跟韩信在闲暇时谈论将领们的才能高下。皇帝问道：『像我这样，能带多少兵？』韩信说：『陛下不过能带十万。』皇帝问：『像你这样如何？』韩信说：『像我这样，越多越好。』皇帝笑着说：『越多越好，你为什么被我捉住了呢？』韩信说：『陛下不善于带兵，却善于驾驭将领，这就是我被陛下捉住的原因。况且陛下的权力是上天赐予的，不是一般人力所能达到的。』

后来陈豨被任命为代相国监边兵，向韩信辞行。韩信拉着陈豨的手，同他在庭院里来回踱步好几圈，仰天叹息说：『有话可以和你谈吗？有些话我想对你谈谈。』陈豨说：『一切听从将军的吩咐！』韩信说：『你所管辖的区域，是天下精兵聚集的地方，而你又是陛下所亲信宠爱的臣子。如果有人说你反叛，陛下必定不相信；这种话再次传来，陛下就会怀疑了；第三次传来，一定会大怒而亲自带兵讨伐。我为你从京城起兵做内应，天下就可以图谋了。』陈豨向来了解韩信的才能，相信他，说：『谨从指教！』

汉十年，陈豨果然反叛，高帝亲自带兵前往讨伐，韩信装病没有跟随。暗中派人到陈豨的住所。韩信就和家臣谋划，夜里假传诏令，赦免各官府的罪犯和奴隶，准备发兵袭击吕后、太子。部署停当，等待陈豨回报。他的一个家臣得罪了韩信，韩信把他囚禁起来，准备杀他。家臣的弟弟上书告变，向吕后告发韩信准备反叛的情况。吕后想把韩信召来，但恐怕他不肯就范，就与萧相国商议，派人假装从皇帝那里来，说陈豨已死了，群臣都要去朝贺。相国欺骗韩信说：『你虽然有病，还是勉强进宫去朝贺一下吧。』韩信一进宫，吕后便叫武士把韩信绑起来，把他斩在长乐宫的挂钟室。韩信在被斩时说：『我没有采用蒯通的计策，反为一妇人所欺骗，这难道不是天意吗！』于是诛灭韩信三族。

高祖镇压了陈豨的反叛后归来，到达京城，听说韩信已死，又是高兴又是怜悯，问道：『韩信临死前说了些什么？』吕后把韩信说的话讲了一遍。高祖说：『此人就是齐国的说客蒯通。』把蒯通召来要烹死他。蒯通到后为自己做了解释，得到赦免没有被杀。此事记载在《蒯通传》。

后汉书

张衡列传第四十九

张衡，字平子，南阳西鄂人也。世为著姓。祖父堪，蜀郡太守。衡少善属文，游于三辅，因入京师，观太学，遂通《五经》，贯六艺。虽才高于世，而无骄尚之情。常从容淡静，不好交接俗人。永元中，举孝廉不行，连辟公府不就。时天下承平日久，自王侯以下，莫不逾侈。衡乃拟班固《两都》，作《二京赋》，因以讽谏。精思傅会，十年乃成。文多，故不载。大将军邓骘奇其才，累召不应。

衡善机巧，尤致思于天文、阴阳、历算。常耽好《玄经》，谓崔瑗曰：『吾观《太玄》，方知子云妙极道数，乃与《五经》相拟，非徒传记之属，使人难论阴阳之事，汉家得天下二百岁之书也。复二百岁，殆将终乎？所以作者之数，必显一世，常然之符也。汉四百岁，《玄》其兴矣。』安帝雅闻衡善术学，公车特征拜郎中，再迁为太史令。遂乃研核阴阳，妙尽璇玑之正，作浑天仪，著《灵宪》《算罔论》，言甚详明。

顺帝初，再转，复为太史令。衡不慕当世，所居之官，辄积年不徙。自去史职，五载复还，乃设客问，作《应闲》以见其志云：

原有闲余者曰：盖闻前哲首务，务于下学上达，佐国理民，有云为也。朝有所闻，则夕行之，立功立事，式昭德音。是故伊尹思使君为尧、舜，而民处唐、虞，彼岂虚言而已哉，必旌厥素尔。咎单、巫咸，实守王家，申伯、樊仲，实干周邦，服衮而朝，介圭作瑞。厥迹不朽，垂烈后昆，不亦丕欤！且学非以要利，而富贵萃之。贵以行令，富以施惠，惠施令行，故《易》称以『大业』。质以文美，实由华兴，器赖雕饰为好，人以舆服为荣。吾子性德体道，笃信安仁，约己博艺，无坚不钻，以思世路，斯何远矣！曩滞日官，今又原之。虽老氏曲全，进道若退，然行亦以需。必也学非所用，术有所仰，故临川将济，而舟楫不存焉。徒经思天衢，内昭独智，固合理民之式也？故尝见谤于鄙儒。深厉浅揭，随时为义，曾何贪于支离，而习其孤技邪？参轮可使自转，木雕犹能独飞，已垂翅而还故栖，盍亦调其机而铦诸？昔有文王，自求多福。人生在勤，不索何获。曷若卑体屈己，美言以相克？鸣于乔木，乃金声而玉振之。用后勋，雪前吝，婞很不柔，以意谁靳也。

应之曰：是何观同而见异也？君子不患位之不尊，而患德之不崇；不耻禄之不夥，而耻智之不博。是故艺可学，而行可力也。天爵高悬，得之在命，或不速而自怀，或羡旃而不臻，求之无益，故智者面而不思。阽身以徼幸，固贪夫之所为，未得而豫丧也。枉尺直寻，议者讥之，盈欲亏志，孰云非羞？于心有猜，则簋飧馔铺犹不屑餐，旌瞀以之。意之无疑，则兼金盈百而不嫌辞，孟轲以之。士或解裋褐而袭黼黻，或委锸筑而据文轩者，度德拜爵，量绩受禄也。输力致庸，受必有阶。

浑元初基，灵轨未纪，吉凶纷错，人用曈朦。黄帝为斯深惨。有风后者，是焉亮之，察三辰于上，迹祸福乎下，经纬历数，然后天步有常，则风后之为也。当少昊清阳之末，实或乱德，人神杂扰，不可方物，重黎又相颛顼而申理之，日月即次，则重黎之为也。人各有能，因艺授任，鸟师别名，四叔三正，官无二业，事不并济。昼长则宵短，日南则景北。天且不堪兼，况以人该之。夫玄龙，迎夏则陵云而奋鳞，乐时也；涉冬则淈泥而潜蟠，避害也。公旦道行，故制典礼以尹天下，惧教诲之不从，有人〔之〕不理。仲尼不遇，故论《六经》以俟来辟，耻一物之不知，有事之无范。所考不齐，如何可一？

夫战国交争，戎车竞驱，君若缀旒，人无所丽。烛武县缒而秦伯退师，鲁连系箭而聊城弛柝。从往则合，横来则离，安危无常，要在说夫。咸以得人为枭，失士为尤。故樊哙披帷，入见高祖；高祖踞洗，以对郦生。当此之会，乃鼋鸣而鳖应也。故能同心勠力，勤恤人隐，奄受区夏，遂定帝位，皆谋臣之由也。故一介之策，各有攸建，子长谍之，烂然有第。夫女魃北而应龙翔，洪鼎声而军容息；溽暑至而鹑火栖，寒冰沍而鼋鼍蛰。今也，皇泽宣洽，海外混同，万方亿丑，并质共剂，若修成之不暇，尚何功之可立！立事有三，言为下列；下列且不可庶矣，奚冀其二哉！

于兹搢绅如云，儒士成林，及津者风摅，失涂者幽僻，遭遇难要，趋偶为幸。世易俗异，事势舛殊，不能通其变，而一度以揆之，斯契船而求剑，守株而伺兔也。冒愧逞愿，必无仁以继之，有道者所不履也。越王句践事此，故厥绪不永。捷径邪至，我不忍以投步；干进苟容，我不忍以歙肩。虽有犀舟劲楫，犹人涉卬否，有须者也。姑亦奉顺敦笃，守以忠信，得之不休，不获不吝。不见是而不惛，居下位而不忧，允上德之常服焉。方将师天老而友地典，与之乎高睨而大谈，孔甲且不足慕，焉称殷彭及周聃！与世殊技，固孤是求。子忧朱泙曼之无所用，吾恨轮扁之无所教也。子睹木雕独飞，愍我垂翅故栖，吾感去蛙附鸱，悲尔先笑而后号也。

斐豹以毙督燔书，礼至以掖国作铭；弦高以牛饩退敌，墨翟以萦带全城；贯高以端辞显义，苏武以秃节效贞；蒱且以飞矰逞巧，詹何以沈钩致精；弈秋以棋局取誉，王豹以清讴流声。仆进不能参名于二立，退又不能群彼数子。愍《三坟》之既颓，惜《八索》之不理。庶前训之可钻，聊朝隐乎柱史。且韫椟以待价，踵颜氏以行止。曾不慊夫晋、楚，敢告诚于知己。

阳嘉元年，复造候风地动仪。以精铜铸成，员径八尺，合盖隆起，形似酒尊，饰以篆文山龟鸟兽之形。中有都柱，傍行八道，施关发机。外有八龙，首衔铜丸，下有蟾蜍，张口承之。其牙机巧制，皆隐在尊中，覆盖周密无际。如有地动，尊则振龙机发吐丸，而蟾蜍衔之。振声激扬，伺者因此觉知。虽一龙发机，而七首不动，寻其方面，乃知震之所在。验之以事，合契若神。自书典所记，未之有也。尝一龙机发而地不觉动，京师学者咸怪其无征，后数日驿至，果地震陇西，于是皆服其妙。自此以后，乃令史官记地动所从方起。

时，政事渐损，权移于下，衡因上疏陈事曰：

伏惟陛下宣哲克明，继体承天，中遭倾覆，龙德泥蟠。今乘云高跻，磐桓天位，诚所谓将隆大位，必先倥偬之也。亲履艰难者知下情，备经险易者达物伪。故能一贯万机，靡所疑惑，百揆允当，庶绩咸熙。宜获福祉神祇，受誉黎庶。而阴阳未和，灾眚屡见，神明幽远，冥鉴在兹。福仁祸淫，景响而应，因德降休，乘失致咎，天道虽远，吉凶可见，近世郑、蔡、江、樊、周广、王圣，皆为效矣。故恭俭畏忌，必蒙祉祚，奢淫谄慢，鲜不夷戮，前事不忘，后事之师也。夫情胜其性，流遁忘反，岂唯不肖，中才皆然。苟非大贤，不能见得思义，故积恶成衅，罪不可解也。向使能瞻前顾后，援镜自戒，则何陷于凶患乎！贵宠之臣，众所属仰，其有愆尤，上下知之。褒美讥恶，有心皆同，故怨讟溢乎四海，神明降其祸辟也。顷年雨常不足，思求所失，则《洪范》所谓『僭恒阳若』者也。惧群臣奢侈，昏逾典式，自下逼上，用速咎征。又前年京师地震土裂，裂者威分，震者人扰也。君以静唱，臣以动和，威自上出，不趣于下，礼之政也。窃惧圣思厌倦，制不专己，恩不忍割，与众共威。威不可分，德不可共。《洪范》曰：『臣有作威作福玉食，害于而家，凶于而国。』天鉴孔明，虽疏不失。灾异示人，前后数矣，而未见所革，以复往悔。自非圣人，不能无过。愿陛下思惟所以稽古率旧，勿令刑德八柄，不由天子。若恩从上下，事依礼制，礼制修则奢僭息，事合宜则无凶咎。然后神望允塞，灾消不至矣。

初，光武善谶，及显宗、肃宗因祖述焉。自中兴之后，儒者争学图纬，兼复附以讹言。衡以图纬虚妄，非圣人之法，乃上疏曰：

臣闻圣人明审律历以定吉凶，重之以卜筮，杂之以九宫，经天验道，本尽于此。或观星辰逆顺，寒燠所由，或察龟策之占，巫觋之言，其所因者，非一术也。立言于前，有征于后，故智者贵焉，谓之谶书。谶书始出，盖知之者寡。自汉取秦，用兵力战，功成业遂，可谓大事，当此之时，莫或称谶。若夏侯胜、眭孟之徒，以道术立名，其所述著，无谶一言。刘向父子领校秘书，阅定九流，亦无谶录。成、哀之后，乃始闻之。《尚书》尧使鲧理洪水，九载绩用不成，鲧则殛死，禹乃嗣兴。而《春秋谶》云『共工理水』。凡谶皆云黄帝伐蚩尤，而《诗谶》独以为「蚩尤败，然后尧受命」。《春秋元命包》中有公输班与墨翟，事见战国，非春秋时也。又言『别有益州』。益州之置，在于汉世。其名三辅诸陵，世数可知。至于图中讫于成帝。一卷之书，互异数事，圣人之言，势无若是，殆必虚伪之徒，以要世取资。往者侍中贾逵摘谶互异三十余事，诸言谶者皆不能说。至于王莽篡位，汉世大祸，八十篇何为不戒？则知图谶成于哀、平之际也。且《河洛》《六艺》，篇录已定，后人皮傅，无所容篡。永元中，清河宋景遂以历纪推言水灾，而伪称洞视玉版。或者至于弃家业，入山林。后皆无效，而复采前世成事，以为证验。至于永建复统，则不能知。此皆欺世罔俗，以昧势位，情伪较然，莫之纠禁。且律历、卦候、九宫、风角，数有征效，世莫肯学，而竞称不占之书。譬犹画工，恶图犬马而好作鬼魅，诚以实事难形，而虚伪不穷也。宜收藏图谶，一禁绝之，则朱紫无所眩，典籍无瑕玷矣。

后迁侍中，帝引在帷幄，讽议左右。尝问衡天下所疾恶者。宦官惧其毁己，皆共目之，衡乃诡对而出。阉竖恐终为其患，遂共谗之。

衡常思图身之事，以为吉凶倚伏，幽微难明，乃作《思玄赋》，以宣寄情志。其辞曰：

仰先哲之玄训兮，虽弥高其弗违。匪仁里其焉宅兮，匪义迹其焉追？潜服膺以永靓兮，绵日月而不衰。伊中情之信修兮，慕古人之贞节。竦余身而顺止兮，遵绳墨而不跌。志团团以应悬兮，诚心固其如结。旌性行以制佩兮，佩夜光与琼枝。纗幽兰之秋华兮，又缀之以江蓠。美襞积以酷裂兮，允尘邈而难亏。既姱丽而鲜双兮，非是时之攸珍。奋余荣而莫见兮，播余香而莫闻。幽独守此仄陋兮，敢怠皇而舍勤。幸二八之遌虞兮，喜傅说之生殷；尚前良之遗风兮，恫后辰而无及。何孤行之茕茕兮，孑不群而介立？感鸾鹥之特栖兮，悲淑人之稀合。

彼无合其何伤兮，患众伪之冒真。旦获讟于群弟兮，启《金縢》而乃信。览蒸民之多僻兮，畏立辟以危身。曾烦毒以迷或兮，羌孰可与言己？私湛忧而深怀兮，思缤纷而不理。愿竭力以守义兮，虽贫穷而不改。执雕虎而试象兮，阽焦原而跟止。庶斯奉以周旋兮，要既死而后已。俗迁渝而事化兮，泯规矩之圜方。珍萧艾于重笥兮，谓蕙芷之不香。斥西施而弗御兮，羁要袅以服箱。行陂僻而获志兮，循法度而离殃。惟天地之无穷兮，何遭遇之无常！不抑操而苟容兮，譬临河而无航。欲巧笑以干媚兮，非余心之所尝。袭温恭之黻衣兮，披礼义之绣裳。辫贞亮以为鞶兮，杂技艺以为珩。昭彩藻与雕琢兮，璜声远而弥长。淹栖迟以恣欲兮，耀灵忽其西藏。恃己知而华予兮，罕懊鸣而不芳。冀一年之三秀兮，遒白露之为霜。时亹亹而代序兮，畴可与乎比伉？咨妒嫮之难并兮，想依韩以流亡。恐渐冉而无成兮，留则敝而不章。

心犹与而狐疑兮，即岐址而摅情。文君为我端蓍兮，利飞遁以保名。历众山以周流兮，翼迅风以扬声。二女感于崇岳兮，或冰折而不营。天盖高而为泽兮，谁云路之不平！勔自强而不息兮，蹈玉阶之峣峥。惧筮氏之长短兮，钻东龟以观祯。遇九皋之介鸟兮，怨素意之不逞。游尘外而瞥天兮，据冥翳而哀鸣。雕鹗竞于贪婪兮，我修絜以益荣。子有故于玄鸟兮，归母氏而后宁。

占既吉而无悔兮，简元辰而俶装。旦余沐于清原兮，晞余发于朝阳。漱飞泉之沥液兮，咀石菌之流英。翾鸟举而鱼跃兮，将往走乎八荒。过少皞之穷野兮，问三丘乎句芒。何道真之淳粹兮，去秽累而票轻。登蓬莱而容与兮，鳌虽抃而不倾。留瀛洲而采芝兮，聊且以乎长生。凭归云而遐逝兮，夕余宿乎扶桑。噏青岑之玉醴兮，餐沆瀣以为粮。发昔梦于木禾兮，谷昆仑之高冈。朝吾行于汤谷兮，从伯禹于稽山。集群神之执玉兮，疾防风之食言。

指长沙以邪径兮，存重华乎南邻。哀二妃之未从兮，翩傧处彼湘濒。流目覜夫衡阿兮，睹有黎之圮坟；痛火正之无怀兮，托山陂以孤魂。愁蔚蔚以慕远兮，越印州而愉敖。跻日中于昆吾兮，憩炎天之所陶。扬芒熛而绛天兮，水泫沄而涌涛。温风翕其增热兮，惄郁邑其难聊。颤羁旅而无友兮，余安能乎留兹？

顾金天而叹息兮，吾欲往乎西嬉。前祝融使举麾兮，缅朱鸟以承旗。躔建木于广都兮，拓若华而踌躇。超轩辕于西海兮，跨汪氏之龙鱼。闻此国之千岁兮，曾焉足以娱余？

思九土之殊风兮，从蓐收而遂徂。欻神化而蝉蜕兮，朋精粹而为徒。蹶白门而东驰兮，云台行乎中野。乱弱水之潺湲兮，逗华阴之湍渚。号冯夷俾清津兮，棹龙舟以济予。会帝轩之未归兮，怅相佯而延伫。呬河林之蓁蓁兮，伟《关雎》之戒女。黄灵詹而访命兮，摎天道其焉如。曰近信而远疑兮，六籍阙而不书。神逵昧其难覆兮，畴克谟而从诸？牛哀病而成虎兮，虽逢昆其必噬。鳖令殪而尸亡兮，取蜀禅而引世。死生错而不齐兮，虽司命其不晰。窦号行于代路兮，后膺祚无繁庑。王肆侈于汉庭兮，卒衔恤而绝绪。尉龙眉而郎潜兮，逮三叶而遘武。董弱冠而司衮兮，设王隧而弗处。夫吉凶之相仍兮，恒反侧而靡所。穆负天以悦牛兮，竖乱叔而幽主。文断祛而忌伯兮，阉谒贼而宁后。通人暗于好恶兮，岂爱惑之能剖？嬴擿谶而戒胡兮，备诸外而发内。或辇贿而违车兮，孕行产而为对。慎、灶显于言天兮，占水火而妄谇。梁叟患夫黎丘兮，丁厥子而事刃，亲所睇而弗识兮，矧幽冥之可信。毋绵挛以涬己兮，思百忧以自疢。彼天监之孔明兮，用棐忱而佑仁。汤蠲体以祷祈兮，蒙庬褫以拯人。景三虑以营国兮，荧惑次于它辰。魏颗亮以从理兮，鬼亢回以敝秦。咎繇迈而种德兮，德树茂乎英、六。桑末寄夫根生兮，卉既雕而已毓。有无言而不仇兮，又何往而不复？盍远迹以飞声兮，孰谓时之可蓄？

　　仰矫首以遥望兮，魂惝惘而无畴。逼区中之隘陋兮，将北度而宣游。行积冰之硙硙兮，清泉冱而不流。寒风凄而永至兮，拂穹岫之骚骚。玄武缩于壳中兮，螣蛇蜿而自纠。鱼矜鳞而并凌兮，鸟登木而失条。坐太阴之屏室兮，慨含欷而增愁。怨高阳之相寓兮，伷颛顼之宅幽。庸织络于四裔兮，斯与彼其何瘳？望寒门之绝垠兮，纵余绁乎不周。迅飙潚其媵我兮，骛翩飘而不禁。趋谽呴之洞穴兮，摽通渊之碄碄。经重阴乎寂寞兮，愍坟羊之潜深。

　　追慌忽于地底兮，轶无形而上浮。出右密之暗野兮，不识蹊之所由。速烛龙令执炬兮，过钟山而中休。瞰瑶谿之赤岸兮，吊祖江之见刘。聘王母于银台兮，羞玉芝以疗饥。戴胜慭其既欢兮，又诮余之行迟。载太华之玉女兮，召洛浦之宓妃。咸姣丽以蛊媚兮，增嫮眼而蛾眉。舒妙婧之纤腰兮，扬杂错之袿徽。离朱唇而微笑兮，颜的砾以遗光。献环琨与玙缡兮，申厥好以玄黄。虽色艳而赂美兮，志浩荡而不嘉。双材悲于不纳兮，并咏诗而清歌。歌曰：天地烟煴，百卉含蘤。鸣鹤交颈，雎鸠相和。处子怀春，精魂回移。如何淑明，忘我实多。

　　将答赋而不暇兮，爰整驾而亟行。瞻昆仑之巍巍兮，临萦河之洋洋。伏灵龟以负坻兮，亘螭龙之飞梁。登阆风之曾城兮，构不死而为床。屑瑶蕊以为糇兮，斟白水以为浆。抨巫咸以占梦兮，迺贞吉之元符。滋令德于正中兮，（合）〔含〕嘉（秀）〔禾〕以为敷。既垂颖而顾本兮，尔要思乎故居。安和静而随时兮，姑纯懿之所庐。

　　戒庶寮以夙会兮，佥恭职而并迓。丰隆轩其震霆兮，列缺晔其照夜。云师谌以交集兮，冻雨沛其𬇙涂。轙琱舆而树葩兮，扰应龙以服辂。百神森其备从兮，屯骑罗而星布。振余袂而就车兮，修剑揭以低昂。冠咢咢其映盖兮，佩綝纚以辉煌。仆夫俨其正策兮，八乘摅而超骧。氛旄溶以天旋兮，蜺旌飘而飞扬。抚軨轵而还眺兮，心灼药其如汤。羡上都之赫戏兮，何迷故而不忘？左青琱以揵芝兮，右素威以司钲。前长离使拂羽兮，委水衡乎玄冥。属箕伯以函风兮，澄淟涊而为清。曳云旗之离离兮，鸣玉鸾之嘤嘤。涉清霄而升遐兮，浮蔑蒙而上征。纷翼翼以徐戾兮，焱回回其扬灵。叫帝阍使辟扉兮，觌天皇于琼宫。聆广乐之九奏兮，展泄泄以肜肜。考理乱于律钧兮，意建始而思终。惟盘逸之无斁兮，惧乐往而哀来。素抚弦而余音兮，大容吟曰念哉。既防溢而静志兮，迨我暇以翱翔。出紫宫之肃肃兮，集大微之阆阆。命王良掌策驷兮，逾高阁之锵锵。建罔车之幕幕兮，猎青林之芒芒。弯威弧之拨刺兮，射嶓冢之封狼。观壁垒于北落兮，伐河鼓之磅硠。乘天潢之泛泛兮，浮云汉之汤汤。倚招摇、摄提以低回剹流兮，察二纪、五纬之绸缪遹皇。偃蹇夭矫娩以连卷兮，杂沓丛颗飒以方骧。瞗汨飂戾沛以罔象兮，烂漫丽靡藐以迭逿。凌惊雷之砊磕兮，弄狂电之淫裔。逾庞澒于宕冥兮，贯倒景而高厉。廓荡荡其无涯兮，乃今穷乎天外。

据开阳而頫眄兮，临旧乡之暗蔼。悲离居之劳心兮，情悁悁而思归。魂眷眷而屡顾兮，马倚辀而俳回。虽遨游以媮乐兮，岂愁慕之可怀。出阊阖兮降天途，乘飙忽兮驰虚无。云霏霏兮绕余轮，风眇眇兮震余旟。缤联翩兮纷暗暧，倏眩眃兮反常闾。

收畴昔之逸豫兮，卷淫放之遐心。修初服之娑娑兮，长余佩之参参。文章焕以粲烂兮，美纷纭以从风。御六艺之珍驾兮，游道德之平林。结典籍而为罟兮，欧儒、墨而为禽。玩阴阳之变化兮，咏《雅》《颂》之徽音。嘉曾氏之《归耕》兮，慕历陵之钦崟。共夙昔而不贰兮，固终始之所服也。夕惕若厉以省諐兮，惧余身之未敕也。苟中情之端直兮，莫吾知而不恧。墨无为以凝志兮，与仁义乎消摇。不出户而知天下兮，何必历远以劬劳？

系曰：天长地久岁不留，俟河之清祇怀忧。愿得远度以自娱，上下无常穷六区。超逾腾跃绝世俗，飘飖神举逞所欲。天不可阶仙夫希，柏舟悄悄吝不飞。松、乔高跱孰能离？结精远游使心攜。回志朅来从玄谋，获我所求夫何思！

永和初，出为河间相。时国王骄奢，不遵典宪；又多豪右，共为不轨。衡下车，治威严，整法度，阴知奸党名姓，一时收禽，上下肃然，称为政理。视事三年，上书乞骸骨，征拜尚书。年六十二，永和四年卒。

著《周官训诂》，崔瑗以为不能有异于诸儒也。又欲继孔子《易》说《彖》《象》残缺者，竟不能就。所著诗、赋、铭、七言、《灵宪》《应间》《七辩》《巡诰》《悬图》凡三十二篇。

永初中，谒者仆射刘珍、校书郎刘騊駼等著作东观，撰集《汉记》，因定汉家礼仪，上言请衡参论其事，会并卒，而衡常叹息，欲终成之。及为侍中，上疏请得专事东观，收捡遗文，毕力补缀。又条上司马迁、班固所叙与典籍不合者十余事。又以为王莽本传但应载篡事而已，至于编年月，纪灾祥，宜为元后本纪。又更始居位，人无异望。光武初为其将，然后即真，宜以更始之号建于光武之初。书数上，竟不听。及后之著述，多不详典，时人追恨之。

论曰：崔瑗之称平子曰『数术穷天地，制作侔造化』。斯致可得而言欤！推其围范两仪，天地无所蕴其灵；运情机物，有生不能参其智。故（智）〔知〕思引渊微，人之上术。记曰：『德成而上，艺成而下。』量斯思也，岂夫艺而已哉？何德之损乎！

赞曰：三才理通，人灵多蔽。近推形算，远抽深滞。不有玄虑，孰能昭晰？

【译文】

张衡，字平子，南阳郡西鄂县人。世代为名门望族。祖父张堪，官至蜀郡太守。张衡青少年时善于写文章，他曾游历三辅，因而来到京都，在太学游学，于是通晓《五经》，贯通六艺。虽然才能高于世人，却没有骄傲的情绪。总是从容恬静，不喜欢结交庸俗之人。和帝永元年间，被举荐为孝廉科入仕，他没有去，屡次被三公官府征召，都未就职。当时国家长期和平安定，自王侯以下，没有不奢侈越制的。张衡便模拟班固的《两都赋》，写作了《西京赋》《东京赋》，以此来进行讽谏。经过精密构思，排比组合，历时十年才写成此赋。因字数太多，这里就不转载了。大将军邓骘认为他才能罕见，曾多次招聘，他都没有答应。

张衡擅长机械和工艺技巧，尤其精心钻研天文、阴阳、历算等学问。平素特别喜好《太玄经》，他曾对崔瑗说：『我读《太玄经》，才知道扬雄极为通晓天道术数之妙，竟然能模拟《五经》，绝非仅是传记之类，使人更难以探讨有关阴阳的问题了，这是汉朝取得天下二百年后才产生的著作。从《太玄》的写作至今又二百年了，这学问会过时吗？作者的命运所以必能显于一世，这是由于永恒规律的符验。汉朝天下四百年时，《太玄》之学定要兴起。』汉安帝素闻张衡擅长术数之学，派公车征召他，授予郎中官职，又升任太史令。于是他就研究阴阳，精移地掌握了天文历法的制定方法，制作了浑天仪，著有《灵宪》《算罔论》二书，论述十分详明。

汉顺帝初年，两次转任之后，他再次出任太史令。张衡不羡慕出仕做官，所任职务往往多年不得升迁。从太史令任上调离五年后，他又重任该职，于是以答客问的形式，作了《应闲》一文，以表达自己的志向：

『有闲余者曰：盖闻前哲首务，务于下学上达，佐国理民，有云为也。朝有所闻，则夕行之。立功立事，式昭德音。是故伊尹思使君为尧舜，而民处唐虞，彼岂虚言而已哉，必旌厥素尔。咎单、巫咸，实守王家，申伯、樊仲，实干周邦，服衮而朝，介圭作瑞。厥迹不朽，垂烈后昆，不亦丕欤！且学非以要利，而富贵萃之。贵以行令，富以施惠，惠施令行，故《易》称以「大业」。质以文美，实由华兴，器赖雕饰为好，人以舆服为荣。君子性德体道，笃信安仁，约己博艺，无坚不钻，以思世路，斯何远矣！曩滞日官，今又原之。虽老氏曲全，进道若退。然行亦以需。必也学非所用，术有所抑，故临川将济，而舟楫不存焉。徒经思天衢，内昭独智，固合理民之式也？故尝见谤于鄙儒。深厉浅揭，随时为义，曾何贪于支离，而习其孤技邪？叁轮可使自转，木雕犹能独飞，已垂翅而还故栖，盍亦调其机而铦诸？昔有文王，自求多福。人生在勤，不索何获。曷若卑体屈己，美言以相克？鸣于乔木，乃金声而玉振之。用后勋，雪前吝，婞很不柔，以意谁靳也。

『应之曰：是何观同而见异也？君子不患位之不尊，而患德之不崇；不耻禄之不夥，而耻智之不博。是故艺可学，而行可力也。天爵高悬，得之在命，或不速而自怀，或羡旃而不臻，求之无益，故智者面而不思。阽身以侥幸，固贪夫之所为，未得而豫丧也。枉尺直寻，议者讥之，盈欲亏志，孰云非羞？于心有猜，则簋飧馔餔犹不屑餐，旌瞀以之。意之无疑，则兼金盈百而不嫌辞，孟轲以之。士或解裋褐而袭黼黻，或委锸筑而据文轩者，度德拜爵，量绩授禄也。输力致庸，授必有阶。

『浑元初基，灵轨未纪，吉凶纷错，人用朣朦。黄帝为斯深惨。有风后者，是焉亮之，察三辰于上，迹祸福乎下，经纬历数，然后天步有常，则风后之为也。当少昊清阳之末，实或乱德，人神杂扰，不可方物，重黎又相颛顼而申理之，日月即次，则重黎之为也。人各有能，因艺授任，鸟师别名，四叔三正，官无二业，事不并济。昼长则宵短，日南则景北。天且不堪兼，况以人该之。夫玄龙，迎夏则陵云而奋鳞，乐时也；涉冬则淈泥而潜蟠，避害也。公旦道行，故制典礼以尹天下，惧教诲之不从，有人之不理。仲尼不遇，故论《六经》以俟来辟，耻一物之不知，有事之无范。所考不齐，如何可一？

『夫战国交争，戎车竞驱，君若缀旒，人无所丽。烛武悬縋而秦伯退师，鲁连系箭而聊城弛析。纵往则合，横来则离，安危无常，要在说夫。咸以得人为枭，失士为尤。故樊哙披帷，入见高祖；高祖踞洗，以对郦生。当此之会，乃鼋鸣而鳖应也，故能同心勠力，勤恤人隐，奄受区夏，遂定帝位，皆谋臣之由也。故一介之策，各有攸建，子长谍之，烂然有第。夫女魃北而应龙翔，洪鼎声而军容息；溽暑至而鹑火栖，寒冰沍而鼋鼍蛰。今也，皇泽宣洽，海外混同，万方亿丑，并质共剂，若修成之不暇，尚何功之可立！立事有三，言为下列；下列且不可庶矣，奚冀其二哉！

『于兹缙绅如云，儒士成林，及津者风摅，失途者幽僻，遭遇难要，趋偶为幸。世易俗异，事势舛殊，不能通其变，而一度以揆之，斯契船而求剑，守株而伺兔也。冒愧逞愿，必无仁以继之，有道者所不履也。越王勾践事此，故厥绪不永。捷径邪至，我不忍以投步；干进苟容，我不忍以歙肩。虽有犀舟劲楫，犹人涉印否，有须者也。姑亦奉顺敦笃，守以忠信，得之不休，不获不吝。不见是而不惛，居下位而不忧，允上德之常服焉。方将师天老而友地典，与之乎高睨而大谈，孔甲且不足慕，焉称殷彭及周聃！与世殊技，固孤是求。子忧朱泙曼之无所用，吾恨轮扁之无所教也。子睹木雕独飞，愍我垂翅故栖，吾感去蛙附鸱，悲尔先笑而后号也。

『斐豹以毙督燔书，礼至以掖国作铭；弦高以牛饩退敌，墨翟以萦带全城；贯高以端辞显义，苏武以秃节效贞；蒱且以飞矰逞巧，詹何以沉钩致精；奕秋以棋局取誉，王豹以清讴流声。仆进不能参名于二立，退又不能群彼数子。愍《三坟》之既颓，惜《八索》之不理。庶前训之可钻，聊朝隐乎柱史。且韫椟以待价，踵颜氏以行止。曾不慊夫晋、楚，敢告诚于知己。』

汉顺帝阳嘉元年，张衡又创造了候风地动仪。它以精铜铸成，直径八尺，顶盖隆起，形状像酒樽，用篆文以及山龟鸟兽的图形作为装饰。中间有根中心柱，旁边伸出八条横杆，设置枢纽发动机件。仪器外部有八条龙，龙嘴里各衔一颗铜丸，下面与龙头相对的地方各有一只蛤蟆，张着嘴巴仰承龙首。那些枢纽件制作巧妙，都隐藏在樽腹中，顶盖周密无一丝缝隙。如果发生地震，铜樽中机件振动龙首，机关发动，龙嘴吐出铜丸，由蛤蟆嘴接住。振荡声音响亮，守候的人凭着响声察觉地震的发生。只有一条龙发动了机关，而其他七个龙首不动，寻觅下落铜丸的方位，就知道地震发生在何方。用事实一检验，十分准确，灵验如神。自从有文献典籍记载以来，从没有过这种发明。曾有一次，一条龙的机关发动了，而人们没有感觉地动，京城中的学者都怪地动仪不灵验。过了几天，驿使来报，果然在陇西发生了地震，于是大家都叹服这仪器的妙处。从此以后，朝廷就命令史官用它来记录地震发生的方向。

当时政治逐渐损坏，朝权旁落，张衡因此上疏皇帝，陈述政事说：

『伏念陛下通达明智，继承皇位，承受天命，中途遭到倾覆，如龙陷泥潭。如今凌云登高，徘徊天位，真是所谓将升大位，必先遭受困顿啊！亲自经历过艰难的人了解下情，备受危难的人明白事情的真伪。所以能用一种道理贯穿于纷繁的政务，没有什么疑惑的事，各种处置平允得当，各项业绩都很完美。本该获得天地的赐福，受到黎民百姓的赞誉。可如今阴阳不和，灾祸屡现，神明显然幽远，但是暗示的鉴戒就在这里。福与仁，祸与淫，就像影与形，回响与声音一样相随相应。因有德而降美善，借失误而致灾祸，天道虽然遥远，吉凶却可显现。近世郑众、蔡伦、江京、樊丰、周广和王圣的事情，都是证明。所以，为人恭谨节俭、敬畏戒忌，必将蒙受福瑞；为人奢侈淫逸，谄谀傲慢，很少有不遭杀身之祸的。前事不忘，后事之师。大凡情欲胜过人性，就会迷失自己而不知回头，岂止是不肖之人如此，中等才能的人也都是这样。如果不是杰出的贤人，就不能见到所得的利而考虑到义，所以积恶成怨，罪责不可解脱。假使能瞻前顾后，以前事为镜而自戒，那怎么能陷于祸患呢！贵宠的大臣，大家都瞻目仰望，如有过失，上下知晓。褒扬美好，讥讽丑恶，人同此心，所以怨言一起将四海流传，神明就会降下灾祸与惩罚。近年雨水经常不足，寻思所犯的过失，即《洪范》所谓「君王逾越本分，就会久旱不雨」的情况。最怕的是群臣奢侈，昏乱地超越法度，由下逼上，从而招致祸患的征兆。又如前年京都发生地震，土地崩裂，崩裂象征权威的分散，震动象征人心的扰乱。君主以静来号令，臣下以动来应和，权威出自上，不能移至下，这才是按礼法准则建立的政权。我怕圣上心绪厌倦，制度政令不肯自己专擅，恩惠不忍割舍，而与众臣共享权威。威势不可分占，恩德不能共享。《洪范》说：「臣下占有权威、福禄和美食，则会祸害你的家和国。」上天的鉴察非常分明，虽然宽疏却无遗漏。灾异在人间的显示，前后已有多次了，但是未见皇上有所改变，以表示对以往过失的追悔。本不是圣人，不可能没有过错。愿陛下稽考古事、遵循旧例，不要让赏罚的八种权柄脱离天子的把握。如果施恩惠做到上下有序，处事依照礼法制度，礼制修备了，奢侈僭越之事就会停止，处事得当则不会发生凶祸。然后神明的愿望确实满足，灾祸就消失不再降临了。』

当初，汉光武帝喜好谶纬，到了明帝、章帝相继效法。自东汉建立之后，儒者争相学习图纬，又以惑众妖言相附宣。

张衡认为图谶纬书虚假荒谬，并非圣人的准则，于是上疏皇帝说：

『我听说圣人明察律历来论定吉凶，再加之以卜筮占验，混杂以九宫推算，推测天命，检验事理，所依据的都在这里。有人观察星辰运行的逆顺轨迹，寒冷湿暖的变化缘由；有人察验龟策占卜，男觋女巫的预言，所依据的不是一种方法。他们预言在先，征验于后，所以聪明人珍重这些推测，称之为谶书。谶书刚出现时，大概知道的人很少。自从汉朝取代秦朝，是靠军事战争，功成业就，可说是大事情，可那个时候，并没有人用谶纬来预言。像夏侯胜、眭孟之类，以道术建立名望，在他们的著述中，却无一句谶语。刘向父子领衔校勘中秘藏书，汇集校定诸子著作，也没有谶纬载录。成帝、哀帝之后，才开始听说谶纬之学。《尚书》说尧派鲧治理洪水，历经九年，事业不成，鲧被处死，大禹继业而兴。可是《春秋谶》说「共工治理洪水」。凡是谶纬都说黄帝攻伐蚩尤，可《诗谶》认为「蚩尤失败，然后是尧受命即位」。《春秋元命包》中有公输班和墨翟，他们的事迹记载在战国，不在春秋时代。同书又说：「别有益州。」可是益州的设置是在汉代。书中记载了三辅的各个陵墓，世系清楚，而在图中仅至汉成帝为止。只有一卷的书，互相歧异的有好几件事情，圣人的言论，势必无此疏漏，定是虚伪之徒，以此骗取世人信任以谋求钱财。以前侍中贾逵曾摘出谶纬书中互相歧异之事三十余件，那些讲谶纬的人对此都无法解释。至于像王莽篡位之事，这等汉朝大祸患，在《河洛》《六艺》八十篇中为什么不提出警诫呢？由此可知图谶形成于哀帝、平帝之际。况且《河洛》《六艺》篇目已经确定，后人以肤浅的见解来附会，也无法篡改。永元年间，清河人宋景就用历纪来预言水灾，而诡称祠察了玉版。有些人竟轻信谎言，抛弃家产，逃入山林。那些图谶都没有效验。于是仍采录前代所发生的事情，来作为图谶的证验。至于顺帝废而复立之事，则不能预知。这都是欺世盗名，罔害民俗，用来蒙骗有权势在官位之人的，真伪很显明，却无人检举禁止它。至于律历、卦候、九宫、风角，屡屡有征验，世人却没有肯学习的，而去竞相称赞那些不可信的纬书。这就像画工不喜欢画犬马，而喜欢画鬼魅一样，确实是因为实在的事物难以描绘，而虚幻假造的东西不易被穷究啊。现在应该收缴封藏图谶，把它们一律禁绝，那么正邪就无所混淆，典籍图书也不会再有污点了。』

后来张衡升迁为侍中，顺帝将他召在宫中，留于自己身边劝谏、议事。一次，顺帝问张衡天下人所痛恨的是什么人。宦官唯恐张衡讲他们的坏话，都瞪眼注视着他，张衡便敷衍作答退了出来。宦官害怕他终将成为自己的祸患，就一同进谗言诽谤他。

张衡常考虑自己的未来，认为吉凶互为依存，幽深微妙，难以明了，于是写了《思玄赋》来宣泄寄托自己的情思志趣。其辞曰：

『仰先哲之玄训兮，虽弥高其弗违。匪仁里其焉宅兮，匪义迹其焉追？潜服膺以永靓兮，绵日月而不衰。伊中情之信修兮，慕古人之贞节。竦余身而顺止兮，遵绳墨而不跌。志团团以应悬兮，诚心固其如结。旌性行以制佩兮，佩夜光与琼枝。纗幽兰之秋华兮，又缀之以江蓠。美襞积以酷裂兮，允尘邈而难亏。既姱丽而鲜双兮，非是时之攸珍。奋余荣而莫见兮，播余香而莫闻。幽独守此仄陋兮，敢怠皇而舍勤。幸二八之遻虞兮，喜傅说之生殷；尚前良之遗风兮，恫后辰而无及。何孤行之茕茕兮，孑不群而介立？感鸾鹥之特栖兮，悲淑人之稀合。

『彼无合其何伤兮，患众伪之冒真。旦获讟于群弟兮，启《金縢》而乃信。览蒸民之多僻兮，畏立辟以危身。曾烦毒以迷或兮，羌孰可与言己？私湛忧而深怀兮，思缤纷而不理。愿竭力以守义兮，虽贫穷而不改。执雕虎而试象兮，阽焦原而跟止。庶斯奉以周旋兮，要既死而后已。俗迁渝而事化兮，泯规矩之圜方。珍萧艾于重笥兮，谓蕙芷之不香。斥西施而弗御兮，羁要睢以服箱。行陂僻而获志兮，循法度而离殃。惟天地之无穷兮，何遭遇之无常！不抑操而苟容兮，譬临河而无航。欲巧笑以干媚兮，非余心之所尝。袭温恭之黻衣兮，披礼义之绣裳。辫贞亮以为鞶兮，杂技艺以为珩。

昭彩藻与雕琢兮，璜声远而弥长。淹栖迟以恣欲兮，耀灵忽其西藏。恃己知而华予兮，鹍鴂鸣而不芳。冀一年之三秀兮，遒白露之为霜。时亹亹而代序兮，畴可与乎比伉？咨妒嫮之难并兮，想依韩以流亡，恐渐冉而无成兮，留则蔽而不章。

『心犹与而狐疑兮，即岐址而摅情。文君为我端蓍兮，利飞遁以保名。历众山以周流兮，翼迅风以扬声。二女感于崇岳兮，或冰折而不营。天盖高而为泽兮，谁云路之不平！勔自强而不息兮，蹈玉阶之峣峥。惧筮氏之长短兮，钻东龟以观祯。遇九皋之介鸟兮，怨素意之不逞。游尘外而瞥天兮，据冥翳而哀鸣。雕鹗竞于贪婪兮，我修絜以益荣。子有故于玄鸟兮，归母氏而后宁。

『占既吉而无悔兮，简元辰而俶装。旦余沐于清原兮，晞余发于朝阳。漱飞泉之沥液兮，咀石菌之流英。翾鸟举而鱼跃兮，将往走乎八荒。过少皞之穷野兮，问三丘乎句芒。何道真之淳粹兮，去秽累而票轻。登蓬莱而容与兮，鳌虽抃而不倾。留瀛洲而采芝兮，聊且以乎长生。凭归云而遐逝兮，夕余宿乎扶桑。噏青岑之玉醴兮，餐沆瀣以为粮。发昔梦于木禾兮，谷昆仑之高冈。朝吾行于汤谷兮，从伯禹于稽山。集群神之执玉兮，疾防风之食言。

『指长沙以邪径兮，存重华乎南邻。哀二妃之未从兮，翩傧处彼湘濒。流目觌夫衡阿兮，睹有黎之圮坟；痛火正之无怀兮，托山陂以孤魂。愁蔚蔚以慕远兮，越卭州而愉敖。跻日中于昆吾兮，憩炎天之所陶。扬芒熛而绛天兮，水泫沄而涌涛。温风翕其增热兮，惄郁邑其难聊。颛羁旅而无友兮，余安能乎留兹？

『顾金天而叹息兮，吾欲往乎西嬉。前祝融使举麾兮，缅朱鸟以承旗。躔建木于广都兮，拓若华而踌躇。超轩辕于西海兮，跨汪氏之龙鱼。闻此国之千岁兮，曾焉足以娱余？

『思九土之殊风兮，从蓐收而遂徂。欻神化而蝉蜕兮，朋精粹而为徒。蹶白门而东驰兮，云台行乎中野。乱弱水之潺湲兮，逗华阴之湍渚。号冯夷俾清津兮，棹龙舟以济予。会帝轩之未归兮，怅相佯而延伫。呬河林之蓁蓁兮，伟《关雎》之戒女。黄灵詹而访命兮，摎天道其焉如。日近信而远疑兮，六籍阙而不书。神逵昧其难覆兮，畴克谟而从诸？牛哀病而成虎兮，虽逢昆其必噬。鳌令殪而尸亡兮，取蜀禅而引世。死生错而不齐兮，虽司命其不晰。窦号行于代路兮，后膺祚而繁庑。王肆侈于汉庭兮，卒衔恤而绝绪。尉龙眉而郎潜兮，逮三叶而遘武。董弱冠而司衮兮，设王隧而弗处。夫吉凶之相仍兮，恒反侧而靡所。穆负天以悦牛兮，竖乱叔而幽主。文断祛而忌伯兮，阉谒贼而宁后。通人暗于好恶兮，岂爱惑之能剖？嬴擿谶而戒胡兮，备诸外而废内。或辇贿而违车兮，孕行产而为对。慎、灶显于言天兮，占水火而妄谇。梁叟患夫黎丘兮，丁厥子而事刃，亲所睇而弗识兮，矧幽冥之可信。毋绵挛以涬己兮，思百忧以自疢。彼天监之孔明兮，用棐忱而佑仁。汤蠲体以祷祈兮，蒙庬褫以拯人。景三虑以营国兮，荧惑次于它辰。魏颗亮以从理兮，鬼亢回以敝秦。咎繇迈而种德兮，德树茂乎英、六。桑末寄夫根生兮，卉既雕而已毓。有无言而不仇兮，又何往而不复？盍远迹以飞声兮，孰谓时之可蓄？

『仰矫首以遥望兮，魂憿惘而无畴。逼区中之隘陋兮，将北度而宣游。行积冰之硙硙兮，清泉沍而不流。寒风凄而永至兮，拂穹岫之骚骚。玄武缩于壳中兮，螣蛇蜿而自纠。鱼矜鳞而并凌兮，鸟登木而失条。坐太阴之屏室兮，慨含欷而增愁。怨高阳之相寓兮，佃颛顼之宅幽。庸织络于四裔兮，斯与彼其何瘳？望寒门之绝垠兮，纵余绁乎不周。迅飙潚其媵我兮，鹜翩飘而不禁。趋谽呷之洞穴兮，摽通渊之碄碄。经重阴乎寂寞兮，愍坟羊之潜深。

『追慌忽于地底兮，轶无形而上浮。出右密之暗野兮，不识蹊之所由。速烛龙令执炬兮，过钟山而中休。瞰瑶谿之赤岸兮，吊祖江之见刘。聘王母于银台兮，羞玉芝以疗饥；戴胜憗其既欢兮，又诮余之行迟。载太华之玉女兮，召洛浦之宓妃。咸姣丽以蛊媚兮，增嫮眼而蛾眉。舒妙婧之纤腰兮，扬杂错之袿徽。离朱唇而微笑兮，颜的砺以遗光。献环琨与玙缟兮，申厥好以玄黄。虽色艳而赂美兮，志浩荡而不嘉。双材悲于不纳兮，并咏诗而清歌。歌曰：天地烟煴，百卉含蘤。鸣鹤交颈，雎鸠相和。处子怀春，精魂回移。如何淑明，忘我实多。

『将答赋而不暇兮，爰整驾而亟行。瞻昆仑之巍巍兮，临萦河之洋洋。伏灵龟以负坻兮，亘螭龙之飞梁。登阆风之曾城兮，构不死而为床。屑瑶蕊以为糇兮，斞白水以为浆。抨巫咸以占梦兮，迺贞吉之元符。滋令德于正中兮，含嘉禾以为敷。既垂颖而顾本兮，尔要思乎故居。安和静而随时兮，姑纯懿之所庐。

『戒庶寮以夙会兮，佥恭职而并迓。丰隆轩其震霆兮，列缺晔其照夜。云师谌以交集兮，冻雨沛其洏涂。较琱舆而树葩兮，扰应龙以服辂。百神森其备从兮，屯骑罗而星布。振余袂而就车兮，修剑揭以低昂。冠咢咢其映盖兮，佩綝纚以辉煌。仆夫俨其正策兮，八乘摅而超骧。氛旄溶以天旋兮，蜺旌飘而飞扬。抚軨轵而还睨兮，心灼药其如汤。羡上都之赫戏兮，何迷故而不忘？左青琱以揵芝兮，右素威以司钲。前长离使拂羽兮，委水衡乎玄冥。属箕伯以函风兮，澄澒涊而为清。曳云旗之离离兮，鸣玉鸾之譻譻。涉清霄而升遐兮，浮蔑蒙而上征。纷翼翼以徐戾兮，焱回回其扬灵。叫帝阍使辟扉兮，觌天皇于琼宫。聆广乐之九奏兮，展泄泄以彤彤。考理乱于律钧兮，意建始而思终。惟盘逸之无斁兮，惧乐往而哀来。素抚弦而余音兮，大容吟曰念哉。既防溢而静志兮，迨我暇以翱翔。出紫宫之肃肃兮，集大微之阆阆。命王良掌策驷兮，逾高阁之锵锵。建罔车之幕幕兮，猎青林之芒芒。弯威弧之拨刺兮，射嶓冢之封狼。观壁垒于北落兮，伐河鼓之磅硠。乘天潢之泛泛兮，浮云汉之汤汤。倚招摇、摄提以低回剹流兮，察二纪、五纬之绸缪遹皇。偃蹇夭矫婉以连卷兮，杂沓丛颉飒以方骧。鹹汩飂戾沛以罔象兮，烂漫丽靡藐以迭逷。凌惊雷之砊磕兮，弄狂电之淫裔。逾庬鸿于宕冥兮，贯倒景而高厉。廓荡荡其无涯兮，乃今穷乎天外。

『据开阳而頫盼兮，临旧乡之暗蔼。悲离居之劳心兮，情悁悁而思归。魂眷眷而屡顾兮，马倚辀徘回。虽遨游以媮乐兮，岂愁慕之可怀。出阊阖兮降天途，乘飙忽兮驰虚无。云霏霏兮绕余轮，风眇眇兮震余旟。缤联翩兮纷暗暧，倏眩眃兮反常闾。

『收畴昔之逸豫兮，卷淫放之遐心。修初服之娑娑兮，长余珮之参参。文章焕以粲烂兮，美纷纭以从风。御六艺之珍驾兮，游道德之平林。结典籍而为罟兮，欧儒、墨而为禽。玩阴阳之变化兮，咏《雅》《颂》之徽音。嘉曾氏之《归耕》兮，慕历陵之钦崟。共夙昔而不贰兮，固终始之所服也；夕惕若厉以省諐兮，惧余身之未敕也。苟中情之端直兮，莫吾知而不恧。墨无为以凝志兮，与仁义乎消摇。不出户而知天下兮，何必历远以劬劳？

『系曰：天长地久岁不留，俟河之清祇怀忧。愿得远度以自娱，上下无常穷六区。超逾腾跃绝世俗，飘飖神举逞所欲。天不可阶仙夫希，栢舟悄悄吝不飞。松、乔高跱孰能离？结精远游使心攜。回志朅来从玄谋，获我所求夫何思！』

汉顺帝永和初年，张衡离京出任河间王的相。当时河间王骄奢，不遵守典制宪章；又加之王国中多有豪门大族，一同违法犯禁。张衡一就任，就树立严肃的权威，整顿法律制度，暗中调查出奸恶集团成员名单，一举收捕，王国上下肃然起敬，交口称赞他为政有方。在任三年后，他上书皇帝请求退休，又征拜为尚书令。永和四年，张衡六十二岁时去世。

张衡所著《周官训诂》一书，崔瑗认为与其他儒生的训解没有区别。张衡还曾打算补充孔子解说《周易》所作《彖》《象》的残缺部分，但终未能完成。他写作的诗、赋、铭、七言诗、《灵宪》《应间》《七辩》《巡诰》《悬图》等共计三十二篇。

安帝永初（公元107—113年）年间，谒者仆射刘珍、校书郎刘騊駼等人在东观著述，撰集《汉记》，并趁此确定汉朝礼仪，就上疏皇帝请求让张衡参与论定此事，恰巧此二人一同去世，所以张衡常常叹息，打算最终完成此事。到做了侍中时，他上疏请求专门在东观任职，收捡遗文残简，尽力补缀。又条奏司马迁、班固记述中与典籍不相符合的十多件史事。并认为王莽本传只应载他篡位之事而已，至于编年载事，记录灾异祥瑞，则应另写元后本纪。又因为更始帝刘玄即位时，人们并未期望他人，光武最初是更始的部将，后来才即位称帝，应该将更始的年号置于光武之前。他屡次上书，终未被采纳。等到后来的著述，大多不详备规范，时人都为当初张衡的建议未被采纳而追悔。

史家论曰：崔瑗称赞张衡说：『数术之学可穷天地奥妙，制作之巧可同自然造化。』这话是最恰当评价张衡的语言了！推究他拟照天地而制作浑天仪，使得天地无法隐藏自身的奥秘；他运用精思研制的地动仪，任何人也无法再加入自己的智慧。所以他的智慧已进入事理深邃微妙之处，是人类的上乘学术。《礼记》说：『以德行成就的居上位，以技艺成就的居下位。』以此估量张衡的才思，难道只是技艺而已吗？这样的技艺对德行有什么减损呢！

史家赞曰：天、地、人三才其本质相通，而人却性灵多蔽，罕能知晓天道。近物可依形推算，远物则抽象难通。没有深远的考虑，谁能清晰明白？

三国志

魏书三

明帝纪第三

明皇帝讳叡，字元仲，文帝太子也。生而太祖爱之，常令在左右。年十五，封武德侯，黄初二年为齐公，三年为平原王。以其母诛，故未建为嗣。七年夏五月，帝病笃，乃立为皇太子。丁巳，即皇帝位，大赦。尊皇太后曰太皇太后，皇后曰皇太后。诸臣封爵各有差。癸未，追谥母甄夫人曰文昭皇后。壬辰，立皇弟蕤为阳平王。

八月，孙权攻江夏郡，太守文聘坚守。朝议欲发兵救之，帝曰：『权习水战，所以敢下船陆攻者，几掩不备也。今已与聘相持，夫攻守势倍，终不敢久也。』先时遣治书侍御史荀禹慰劳边方，禹到，于江夏发所经县兵及所从步骑千人乘山举火，权退走。

辛巳，立皇子冏为清河王。吴将诸葛瑾、张霸等寇襄阳，抚军大将军司马宣王讨破之，斩霸，征东大将军曹休又破其别将于寻阳。论功行赏各有差。冬十月，清河王冏薨。十二月，以太尉钟繇为太傅，征东大将军曹休为大司马，中军大将军曹真为大将军，司徒华歆为太尉，司空王朗为司徒，镇军大将军陈群为司空，抚军大将军司马宣王为骠骑大将军。

太和元年春正月，郊祀武皇帝以配天，宗祀文皇帝于明堂以配上帝。分江夏南部，置江夏南部都尉。西平麴英反，杀临羌令、西都长，遣将军郝昭、鹿磐讨斩之。二月辛未，帝耕于籍田。辛巳，立文昭皇后寝庙于邺。丁亥，朝日于东郊。夏四月乙亥，行五铢钱。甲申，初营宗庙。秋八月，夕月于西郊。冬十月丙寅，治兵于东郊。焉耆王遣子入侍。十一月，立皇后毛氏。赐天下男子爵人二级，鳏寡孤独不能自存者赐谷。十二月，封后父毛嘉为列侯。新城太守孟达反，诏骠骑将军司马宣王讨之。

二年春正月，宣王攻破新城，斩达，传其首。分新城之上庸、武陵、巫县为上庸郡，锡县为锡郡。蜀大将诸葛亮寇边，天水、南安、安定三郡吏民叛应亮。遣大将军曹真都督关右，并进兵。右将军张郃击亮于街亭，大破之。亮败走，三郡平。丁未，行幸长安。夏四月丁酉，还洛阳宫。赦系囚非殊死以下。乙巳，论讨亮功，封爵增邑各有差。五月，大旱。六月，诏曰：『尊儒贵学，王教之本也。自顷儒官或非其人，将何以宣明圣道？其高选博士，才任侍中常侍者。申敕郡国，贡士以经学为先。』秋九月，曹休率诸军至皖，与吴将陆议战于石亭，败绩。乙酉，立皇子穆为繁阳王。庚子，大司马曹休薨。冬十月，诏公卿近臣举良将各一人。十一月，司徒王朗薨。十二月，诸葛亮围陈仓，曹真遣将军费曜等拒之。辽东太守公孙恭兄子渊，劫夺恭位，遂以渊领辽东太守。

三年夏四月，元城王礼薨。六月癸卯，繁阳王穆薨。戊申，追尊高祖大长秋曰高皇帝，夫人吴氏曰高皇后。

秋七月，诏曰：『礼，王后无嗣，择建支子以继大宗，则当纂正统而奉公义，何得复顾私亲哉！汉宣继昭帝后，加悼考以皇号；哀帝以外藩援立，而董宏等称引亡秦，惑误时朝，既尊恭皇，立庙京都，又宠藩妾，使比长信，叙昭穆于前殿，并四位于东宫，僭差无度，人神弗祐，而非罪师丹忠正之谏，用致丁、傅焚如之祸。自是之后，相踵行之。昔鲁文逆祀，罪由夏父；宋国非度，讥在华元。其令公卿有司，深以前世行事为戒。后嗣万一有由诸侯入奉大统，则当明为人后之义；敢为佞邪导谀时君，妄建非正之号以干正统，谓考为皇，称妣为后，则股肱大臣诛之无赦。其书之金策，藏之宗庙，著于令典。』

冬十月，改平望观曰听讼观。帝常言『狱者，天下之性命也』，每断大狱，常幸观临听之。初，洛阳宗庙未成，神主在邺庙。十一月，庙始成，使太常韩暨持节迎高皇帝、太皇帝、武帝、文帝神主于邺，十二月己丑至，奉安神主于庙。

癸卯，大月氏王波调遣使奉献，以调为亲魏大月氏王。

四年春二月壬午，诏曰：『世之质文，随教而变。兵乱以来，经学废绝，后生进趣，不由典谟。岂训导未洽，将进用者不以德显乎？其郎吏学通一经，才任牧民，博士课试，擢其高第者，亟用；其浮华不务道本者，皆罢退之。』戊子，诏太傅三公：以文帝《典论》刻石，立于庙门之外。癸巳，以大将军曹真为大司马，骠骑将军司马宣王为大将军，辽东太守公孙渊为车骑将军。夏四月，太傅钟繇薨。六月戊子，太皇太后崩。丙申，省上庸郡。秋七月，武宣卞后祔葬于高陵。诏大司马曹真、大将军司马宣王伐蜀。八月辛巳，行东巡，遣使者以特牛祠中岳。乙未，幸许昌宫。九月，大雨，伊、洛、河、汉水溢，诏真等班师。冬十月乙卯，行还洛阳宫。庚申，令：『罪非殊死，听赎各有差。』十一月，太白犯岁星。十二月辛未，改葬文昭甄后于朝阳陵。丙寅，诏公卿举贤良。

五年春正月，帝耕于籍田。三月，大司马曹真薨。诸葛亮寇天水，诏大将军司马宣王拒之。自去冬十月至此月不雨，辛巳，大雩。夏四月，鲜卑附义王轲比能率其种人及丁零大人兒禅诣幽州贡名马。复置护匈奴中郎将。秋七月丙子，以亮退走，封爵增位各有差。乙酉，皇子殷生，大赦。

八月，诏曰：『古者诸侯朝聘，所以敦睦亲亲协和万国也。先帝著令，不欲使诸王在京都者，谓幼主在位，母后摄政，防微以渐，关诸盛衰也。朕惟不见诸王十有二载，悠悠之怀，能不兴思！其令诸王及宗室公侯各将适子一人朝。后有少主、母后在宫者，自如先帝令，申明著于令。』冬十一月乙酉，月犯轩辕大星。戊戌晦，日有蚀之。十二月甲辰，月犯镇星。戊午，太尉华歆薨。

六年春二月，诏曰：『古之帝王，封建诸侯，所以藩屏王室也。诗不云乎，「怀德惟宁，宗子维城」。秦、汉继周，或强或弱，俱失厥中。大魏创业，诸王开国，随时之宜，未有定制，非所以永为后法也。其改封诸侯王，皆以郡为国。』三月癸酉，行东巡，所过存问高年鳏寡孤独，赐谷帛。乙亥，月犯轩辕大星。夏四月壬寅，行幸许昌宫。甲子，初进新果于庙。五月，皇子殷薨，追封谥安平哀王。秋七月，以卫尉董昭为司徒。九月，行幸摩陂，治许昌宫，起景福、承光殿。冬十月，殄夷将军田豫帅众讨吴将周贺于成山，杀贺。十一月丙寅，太白昼见。有星孛于翼，近太微上将星。庚寅，陈思王植薨。十二月，行还许昌宫。

青龙元年春正月甲申，青龙见郏之摩陂井中。二月丁酉，幸摩陂观龙，于是改年；改摩陂为龙陂，赐男子爵人二级，鳏寡孤独无出今年租赋。三月甲子，诏公卿举贤良笃行之士各一人。夏五月壬申，诏祀故大将军夏侯惇、大司马曹仁、车骑将军程昱于太祖庙庭。戊寅，北海王蕤薨。闰月庚寅朔，日有蚀之。丁酉，改封宗室女非诸王女皆为邑主。

诏诸郡国山川不在祠典者勿祠。六月，洛阳宫鞠室灾。

保塞鲜卑大人步度根与叛鲜卑大人轲比能私通，并州刺史毕轨表，辄出军以外威比能，内镇步度根。帝省表曰：『步度根以为比能所诱，有自疑心。今轨出军，适使二部惊合为一，何所威镇乎？』促敕轨，以出军者慎勿越塞过句注也。比诏书到，轨以进军屯阴馆，遣将军苏尚、董弼追鲜卑。比能遣子将千余骑迎步度根部落，与尚、弼相遇，战于楼烦，二将没。步度根部落皆叛出塞，与比能合寇边。遣骁骑将军秦朗将中军讨之，虏乃走漠北。

秋九月，安定保塞匈奴大人胡薄居姿职等叛，司马宣王遣将军胡遵等追讨，破降之。冬十月，步度根部落大人戴胡阿狼泥等诣并州降，朗引军还。

十二月，公孙渊斩送孙权所遣使张弥、许晏首，以渊为大司马乐浪公。

二年春二月乙未，太白犯荧惑。癸酉，诏曰：『鞭作官刑，所以纠慢怠也，而顷多以无辜死。其减鞭杖之制，著于令。』三月庚寅，山阳公薨，帝素服发哀，遣使持节典护丧事。己酉，大赦。夏四月，大疫。崇华殿灾。丙寅，诏有司以太牢告祠文帝庙。追谥山阳公为汉孝献皇帝。葬以汉礼。

是月，诸葛亮出斜谷，屯渭南，司马宣王率诸军拒之。诏宣王：『但坚壁拒守以挫其锋，彼进不得志，退无与战，久停则粮尽，虏略无所获，则必走矣。走而追之，以逸待劳，全胜之道也。』

五月，太白昼见。孙权入居巢湖口，向合肥新城，又遣将陆议、孙韶各将万余人入淮、沔。六月，征东将军满宠进军拒之。宠欲拔新城守，致贼寿春，帝不听，曰：『昔汉光武遣兵县据略阳，终以破隗嚣，先帝东置合肥，南守襄阳，西固祁山，贼来辄破于三城之下者，地有所必争也。纵权攻新城，必不能拔。敕诸将坚守，吾将自往征之，比至，恐权走也。』秋七月壬寅，帝亲御龙舟东征，权攻新城，将军张颖等拒守力战，帝军未至数百里，权遁走，议、韶等迹退。群臣以为大将军方与诸葛亮相持未解，车驾可西幸长安。帝曰：『权走，亮胆破，大将军以制之，吾无忧矣。』遂进军幸寿春，录诸将功，封赏各有差。八月己未，大曜兵，飨六军，遣使者持节犒劳合肥、寿春诸军。辛巳，行还许昌宫。

司马宣王与亮相持，连围积日，亮数挑战，宣王坚垒不应。会亮卒，其军退还。

冬十月乙丑，月犯镇星及轩辕。戊寅，月犯太白。十一月，京都地震，从东南来，隐隐有声，摇动屋瓦。十二月，诏有司删定大辟，减死罪。

三年春正月戊子，以大将军司马宣王为太尉。己亥，复置朔方郡。京都大疫。丁巳，皇太后崩。乙亥，陨石于寿光县。三月庚寅，葬文德郭后，营陵于首阳陵涧西，如终制。是时，大治洛阳宫，起昭阳、太极殿，筑总章观。百姓失农时，直臣杨阜、高堂隆等各数切谏，虽不能听，常优容之。

秋七月，雒阳崇华殿灾。八月庚午，立皇子芳为齐王，询为秦王。丁巳，行还洛阳宫。命有司复崇华，改名九龙殿。冬十月己酉，中山王衮薨。壬申，太白昼见。十一月丁酉，行幸许昌宫。

四年春二月，太白复昼见，月犯太白，又犯轩辕一星，入太微而出。夏四月，置崇文观，征善属文者以充之。五月乙卯，司徒董昭薨。丁巳，肃慎氏献楛矢。

六月壬申，诏曰：『有虞氏画象而民弗犯，周人刑错而不用。朕从百王之末，追望上世之风，邈乎何相去之远？法令滋章，犯者弥多，刑罚愈众，而奸不可止。往者按大辟之条，多所蠲除，思济生民之命，此朕之至意也。而郡国蔽狱，一岁之中尚过数百，岂朕训导不醇，俾民轻罪，将苛法犹存，为之陷阱乎？有司其议狱缓死，务从宽简，及乞恩者，或辞未出而狱以报断，非所以究理尽情也。其令廷尉及天下狱官，诸有死罪具狱以定，非谋反及手杀人，亟语其亲治，有乞恩者，使与奏当文书俱上，朕将思所以全之。其布告天下，使明朕意。』

秋七月，高句骊王宫斩送孙权使胡卫等首，诣幽州。甲寅，太白犯轩辕大星。冬十月己卯，行还洛阳宫。甲申，有星孛于大辰，乙酉，又孛于东方。十一月己亥，彗星见，犯宦者天纪星。十二月癸巳，司空陈群薨。乙未，行幸许昌宫。

景初元年春正月壬辰，山茌县言黄龙见。于是有司奏，以为魏得地统，宜以建丑之月为正。三月，定历改年为孟夏四月。服色尚黄，牺牲用白，戎事乘黑首白马，建大赤之旂，朝会建大白之旗。改太和历曰景初历。其春夏秋冬孟仲季月虽与正岁不同，至于郊祀、迎气、礿祠、蒸尝、巡狩、蒐田、分至启闭、班宣时令、中气早晚、敬授民事，皆以正岁斗建为历数之序。

五月己巳，行还洛阳宫。己丑，大赦。六月戊申，京都地震。己亥，以尚书令陈矫为司徒，尚书右仆射卫臻为司空。

丁未，分魏兴之魏阳、锡郡之安富、上庸为上庸郡。省锡郡，以锡县属魏兴郡。

有司奏：武皇帝拨乱反正，为魏太祖，乐用武始之舞。文皇帝应天受命，为魏高祖，乐用咸熙之舞。帝制作兴治，为魏烈祖，乐用章斌之舞。三祖之庙，万世不毁。其余四庙，亲尽迭毁，如周后稷、文、武庙祧之制。

秋七月丁卯，司徒陈矫薨。孙权遣将朱然等二万人围江夏郡，荆州刺史胡质等击之，然退走。初，权遣使浮海与高句骊通，欲袭辽东。遣幽州刺史毌丘俭率诸军及鲜卑、乌丸屯辽东南界，玺书征公孙渊。渊发兵反，俭进军讨之，会连雨十日，辽水大涨，诏俭引军还。右北平乌丸单于寇娄敦，辽西乌丸都督王护留等居辽东，率部众随俭内附。己卯，诏辽东将吏士民为渊所胁略不得降者，一切赦之。辛卯，太白昼见。渊自俭还，遂自立为燕王，置百官，称绍汉元年。

诏青、兖、幽、冀四州大作海船。九月，冀、兖、徐、豫四州民遇水，遣侍御史循行没溺死亡及失财产者，在所开仓振救之。庚辰，皇后毛氏卒。冬十月丁未，月犯荧惑。癸丑，葬悼毛后于愍陵。乙卯，营洛阳南委粟山为圜丘。十二月壬子冬至，始祀。丁巳，分襄阳临沮、宜城、旍阳、邔四县，置襄阳南部都尉。己未，有司奏文昭皇后立庙京都。分襄阳郡之鄀叶县属义阳郡。

二年春正月，诏太尉司马宣王帅众讨辽东。

二月癸卯，以大中大夫韩暨为司徒。癸丑，月犯心距星，又犯心中央大星。夏四月庚子，司徒韩暨薨。壬寅，分沛国萧、相、竹邑、符离、蕲、铚、龙亢、山桑、洨、虹十县为汝阴郡。宋县、陈郡苦县皆属谯郡。以沛、杼秋、公丘、彭城丰国、广戚，并五县为沛王国。庚戌，大赦。五月乙亥，月犯心距星，又犯中央大星。六月，省渔阳郡之狐奴县，复置安乐县。秋八月，烧当羌王芒中、注诣等叛，凉州刺史率诸郡攻讨，斩注诣首。癸丑，有彗星见张宿。

丙寅，司马宣王围公孙渊于襄平，大破之，传渊首于京都，海东诸郡平。冬十一月，录讨渊功，太尉宣王以下增邑封爵各有差。初，帝议遣宣王讨渊，发卒四万人。议臣皆以为四万兵多，役费难供。帝曰：『四千里征伐，虽云用奇，亦当任力，不当稍计役费。』遂以四万人行。及宣王至辽东，霖雨不得时攻，群臣或以为渊未可卒破，宜诏宣王还。帝曰：『司马懿临危制变，擒渊可计日待也。』卒皆如所策。

壬午，以司空卫臻为司徒，司隶校尉崔林为司空。闰月，月犯心中央大星。十二月乙丑，帝寝疾不豫。辛巳，立皇后。赐天下男子爵人二级，鳏寡孤独谷。以燕王宇为大将军，甲申免，以武卫将军曹爽代之。初，青龙三年中，寿春农民妻自言为天神所下，命为登女，当营卫帝室，蠲邪纳福。饮人以水，及以洗疮，或多愈者。于是立馆后宫，下诏称扬，甚见优宠。及帝疾，饮水无验，于是杀焉。

三年春正月丁亥，太尉宣王还至河内，帝驿马召到，引入卧内，执其手谓曰：『吾疾甚，以后事属君，君其与爽辅少子。吾得见君，无所恨！』宣王顿首流涕。即日，帝崩于嘉福殿，时年三十六。癸丑，葬高平陵。

评曰：明帝沉毅断识，任心而行，盖有君人之至概焉。于时百姓凋敝，四海分崩，不先聿修显祖，阐拓洪基，而遽追秦皇、汉武，宫馆是营，格之远猷，其殆疾乎！

【译文】

魏明帝叡，字元仲，是文帝曹丕的太子。叡生下后，祖父曹操很喜爱他，常让他在自己的左右。叡十五岁时，被封为武德侯。黄初二年，晋封为齐公。黄初三年，晋封为平原王。因为他的生母甄氏被父亲曹丕杀死，所以他未被曹丕立为继承人。黄初七年夏季，五月，曹丕病势危重，才把叡立为皇太子。丁巳，叡即皇帝位，大赦天下。尊祖母皇太后卞氏为太皇太后，母亲皇后郭氏为皇太后。朝廷大臣也都各自加官晋爵不等。癸未，叡追谥自己的生母甄夫人为文昭皇后。壬辰，封弟弟曹蕤为阳平王。

八月，孙权进攻江夏郡，江夏太守文聘坚守城池。朝中大臣商议，想要发兵去救援文聘。叡说：『孙权长于水战，他之所以敢于下船到陆地上来进攻，是乘我军不加防备进行袭击。现在，文聘已守住城池，与他相持，进攻与防守的形势要相差很多，孙权终究不敢长期围攻下去。』先前，曾派遣治书侍御史荀禹到边境去慰劳，荀禹到达那里，在江夏征发所经过各县的兵马及自己所带领的步骑兵一千人，在山上举起烽火，孙权以为救兵已到，就收兵退回。

八月辛巳，叡封儿子曹冏为清河王。东吴大将诸葛瑾、张霸等率军进攻襄阳，抚军大将军司马懿率军击败吴军，杀死张霸，征东大将军曹休又在寻阳击败吴军的一支小部队。对立功将士论功行赏。冬季，十月，清河王曹冏逝世。十二月，任命太尉钟繇为太傅，征东大将军曹休为大司马，中军大将军曹真为大将军，司徒华歆为太尉，司空王朗为司徒，镇军大将军陈群为司空，抚军大将军司马懿为骠骑大将军。

太和元年春季，正月，叡在郊外祭祀武帝曹操以配天，在明堂祭祀文帝曹丕以配上帝。分江夏郡南部，设置江夏南部都尉。西平人麴英起来造反，杀死临羌县令、西都县长，叡派遣将军郝昭、鹿磐率军讨伐，杀死麴英。二月辛未，叡举行亲自耕田的仪式。辛巳，在邺城修建文昭皇后甄氏的寝庙。丁亥，在东郊举行朝日的仪式。夏季，四月乙亥，再次允许五铢钱在市上流通。甲申，开始营建宗庙。秋季，八月，在西郊举行夕月的仪式。冬季，十月丙寅，在东郊操演军队。焉耆国王派遣他的儿子到洛阳来作为皇帝的侍从。十一月，立毛氏为皇后。赐天下男子每人晋爵两级，对鳏夫、寡妇以及孤独而生活不能自给的人，都赐给粮食。十二月，封皇后的父亲毛嘉为列侯。新城郡太守孟达造反，叡下诏命令骠骑将军司马懿统领大军进行讨伐。

太和二年春季，正月，司马懿攻破新城，斩孟达，把孟达的头颅传送到洛阳。把新城郡的上庸、武陵、巫县划出，另立上庸郡；锡县划出，立为锡郡。蜀国大将诸葛亮进攻边境，天水、南安、安定三郡的官吏和百姓叛变，响应诸葛亮。叡派遣大将军曹真都督关中地区各路军队，一齐进兵。右将军张郃在街亭进攻诸葛亮，大破蜀军。诸葛亮战败后退走，天水等三郡重新平定。丁未，叡出巡到达长安。夏季，四月丁酉，返回洛阳宫。除罪大恶极的死刑犯，赦免关在监狱中的犯人。乙巳，评定讨伐诸葛亮的功劳，有功将领分别受到加官晋爵及扩大封地的奖赏。五月，大旱。六月，叡下诏说：『尊崇儒学，重视学者，是推行王道教化的根本。最近，讲授儒学的官员有的不是精通经典的学者，怎么能宣扬阐述圣贤之道？现在要仔细挑选博士，才能可以胜任侍中、散骑常侍的人。告诉各郡、国，推荐人才要以精通经典为首要条件。』秋季，九月，曹休率领诸军到达皖城，在石亭与东吴大将陆议作战，魏军战败。乙酉，叡封儿子曹穆为繁阳王。庚子，大司马曹休逝世。冬季，十月，下诏命令公、卿及侍从官员每人推荐良将一名。十一月，司徒王朗逝世。十二月，诸葛亮率军包围陈仓，曹真派遣将军费曜等前去抵抗。辽东郡太守公孙恭的侄子公孙渊用武力夺取公孙恭的地位，魏国于是任命公孙渊兼任辽东太守。

太和三年夏季，四月，元城王曹礼逝世。六月癸卯，繁阳王曹穆逝世。戊申，叡追尊高祖大长秋曹腾为高皇帝，他的夫人吴氏为高皇后。

秋季，七月，叡下诏说：『依照古代礼仪制度，王后没有儿子时，可以选择庶子来继承大宗，但必须继承正统，尊奉公义，怎么能再顾念原来的亲人呢！汉宣帝继承昭帝的皇位，但竟把自己的生父称为悼皇。汉哀帝以藩王的身份被立为皇帝，而董宏等人援引已灭亡的秦王朝的例子，迷惑当时的朝廷，哀帝既尊生父为恭皇，为他在京城建立祭庙，又尊崇作为藩国姬妾的祖母傅昭仪，使她的地位与居住在长信宫的太皇太后一样，在祭庙的前殿把生父恭皇与成帝并列，同时建有四个太后宫，把皇家礼制破坏无遗，使得人神共怒，而且哀帝还怪罪忠言直谏的师丹，一意孤行，终于招致生母丁太后和祖母傅昭仪的坟墓在哀帝死后都被平毁，棺椁被焚的后果。从此以后，继位君王多效仿哀帝的做法。从前，鲁文公逆反顺序来祭祀祖先，是由于听信了夏父的胡言；宋国厚葬国君，舆论一致批评华元。现在命令公卿及有关部门，都要深以前代的过失为戒。将来，万一有由诸侯继承皇位的情况，则应当明确作为皇位继承人的大义；如果有人敢于以奸佞邪恶之道谄媚当时的君主，为他的亲生父母妄建尊号，称他生父为皇，生母为后，以干犯皇室正统，则朝中辅政大臣，应立即诛杀那些佞臣，绝不能宽赦。把这道诏书用金策书写，收藏在宗庙里，并记载在国家法令上。』

冬季，十月，改平望观为听讼观。叡经常讲：『司法审判，是关乎天下性命的大事。』每次进行重要审判，他经常亲自到听讼观去旁听。起初，洛阳的宗庙未修建好，曹氏祖先的神主牌位都供奉在邺城宗庙里。本年十一月，宗庙才建成，派太常韩暨持符节到邺城去奉迎高皇帝曹腾、太皇帝曹嵩、武帝曹操、文帝曹丕的神主牌位。十二月己丑，到达洛阳，把神主安放到宗庙里。癸卯，大月氏王波调派遣使者前来进献贡品，任命波调为亲魏大月氏王。

太和四年春季，二月壬午，叡下诏说：『世风质朴还是富于文辞，是随教化而改变的。自从战乱以来，经学教育已经废绝，年轻后生不再由学习经典而取得入仕的机会。莫非是没有广泛训导，还是进用的人没有以品德著称呢？以后，凡郎官、小吏能学通一经，并且具有管理百姓才能的，由博士进行考试，成绩优等者，立即加以任用。品行浮华，不学经典者，都加以黜免。』戊子，下诏给太傅、三公，责令把文帝曹丕所撰的《典论》刻在石牌上，立在庙门外。癸巳，任命大将军曹真为大司马，骠骑将军司马懿为大将军，辽东太守公孙渊为车骑将军。夏季，四月，太傅钟繇逝世。六月戊子，太皇太后卞氏逝世。丙申，撤销上庸郡。秋季，七月，给太皇太后卞氏上谥号为武宣，把她祔葬在高陵，与武帝曹操合葬。下诏由大司马曹真、大将军司马懿统率大军讨伐蜀国。八月辛巳，叡出巡东方，派遣使者到中岳嵩山用特牛进行祭祀。乙未，叡到达许昌宫。九月，大雨，伊水、洛水、黄河、汉水都泛滥成灾。下诏命令曹真等班师。冬季，十月乙卯，叡返回洛阳宫。庚申，下令：『除犯有判处斩刑的大罪，犯其他罪行的人，可以交纳不同数量的财物来赎罪。』十一月，太白星出现在木星附近。十二月辛未，把文昭皇后甄氏改葬在朝阳陵。丙寅，下诏命令公卿推荐贤良的人才。

太和五年春季，正月，叡举行亲自耕田的仪式。三月，大司马曹真逝世。蜀国诸葛亮进犯天水郡，下诏命令大将军司马懿率军进行抵抗。自从去年冬天十月到这个月一直没有下雨。辛巳，举行大型的祈雨祭祀仪式。夏季，四月，鲜卑附义王轲比能率领自己的部落以及丁零人首领兒禅到幽州进贡名马。重新设置护匈奴中郎将。秋季，七月丙子，因诸葛亮退走，有功将士受到加官晋爵的奖励。乙酉，皇子曹殷出生，大赦天下。

八月，叡下诏说：『古代诸侯入京朝聘，是为增进亲属间的亲厚和睦，使天下万国协调融洽。先帝发布命令，不愿让诸王住在京城，是因为皇帝年幼，由母后摄政，要防微杜渐，这关系到国家的安危盛衰。我已有十二年没有见到诸王，心中怎么能不思念呢！现在，命令诸王及宗室公侯各自携带嫡子一人入朝。以后，如果有皇帝年幼，母后在宫摄政的情况，仍旧如先帝的命令，要把这训示明确记载在法令中。』冬季，十一月乙酉，月亮运行到轩辕大星附近。戊戌晦，出现日食。十二月甲辰，月亮运行到土星附近。戊午，太尉华歆逝世。

太和六年春季，二月，叡下诏说：『古代的帝王封建诸侯，是为了作为王室的屏障。《诗经》中不是说：「施用德政以安定国家，宗子就像城墙一样是国家的屏障。」秦、汉继承周朝的统治，对诸侯权力的规定时强时弱，都不够妥当。大魏创业以来，对诸王的封国措施，都是随时制定适宜的规定，没有固定的制度，不能作为后代的永久法令。现在，改封诸侯王的封地，都以郡为国。』三月癸酉，叡出行，巡视东方，沿途慰问老年人、鳏夫、寡妇、孤儿和年老无子的人，并赐给粮食、丝绸。乙亥，月亮运行到轩辕大星附近。夏季，四月壬寅，叡到达许昌宫。甲子，开始向祭庙进奉新鲜水果。五月，皇子曹殷逝世，追封并加谥号，称安平哀王。秋季，七月，任命卫尉董昭为司徒。九月，叡到达摩陂。下令修建许昌宫，建造景福殿、承光殿。冬季，十月，殄夷将军田豫率军到成山讨伐东吴大将周贺，杀死周贺。十一月丙寅，白天可以见到太白星。在翼宿星处出现彗星，接近太微上将星。庚寅，陈思王曹植逝世。十二月，叡返回许昌宫。

青龙元年春季，在郏县摩陂的井中出现青龙。二月丁酉，叡到摩陂去观看青龙，于是改年号；并把摩陂改为龙陂，赐天下男子每人晋爵两级，鳏妇、孤儿和年老无子的人都不再交纳今年的租赋。三月甲子，下诏命令公卿每人举荐道德高尚、品行淳厚的士人一名。夏季，五月壬申，下诏命令在太祖曹操祭庙的前庭设立已故大将军夏侯惇、大司马曹仁和车骑将军程昱的牌位，一同祭祀。戊寅，北海王曹蕤逝世。闰五月庚寅朔，出现日食。丁酉，改封诸王的女儿以外的宗室女都为邑主。下诏命令各郡、国的山川不在经典所载祭祀范围内的，都不要再进行祭祀。六月，洛阳宫鞠室发生火灾。

保卫边塞的鲜卑人首领步度根与已背叛的鲜卑人首领轲比能私下往来，并州刺史毕轨上表报告，并说自己立即统军出动，对外威胁轲比能，对内镇抚步度根。叡看到表章后说：『步度根已经被轲比能所引诱，存有疑心。如今毕轨出军，只会使这两个鲜卑部落因惊恐而合在一起，还怎么能威镇呢？』立刻下诏命令毕轨，即使出军，也不要越过句注，远出边塞。等到诏书到时，毕轨已率军进驻阴馆，派遣将军苏尚、董弼追赶鲜卑。轲比能派儿子率领千余名骑兵迎接步度根部落，与苏尚、董弼相遇，在楼烦大战一场，魏军战败，苏尚、董弼战死。步度根部落全部背叛，逃出边塞，与轲比能联合，一同侵犯边境。派遣骁骑将军秦朗统率中军部队进行讨伐，鲜卑人逃到大漠以北。

秋季，九月，安定郡保卫边塞的匈奴人首领胡薄居姿职等背叛，司马懿派遣将军胡遵等追赶讨伐，匈奴人大败，投降。冬季，十月，步度根部落首领戴胡阿狼泥等到并州投降，秦朗率军班师还朝。

十二月，公孙渊杀死孙权所派遣的使臣张弥、许晏，把他们的头颅砍下送到洛阳，任命公孙渊为大司马、乐浪公。

青龙二年春季，二月乙未，太白星运行到火星附近。癸酉，叡下诏说：『鞭子作为官刑，是用以纠正怠慢行为的，但近来许多人无辜被鞭打致死，现在减轻鞭、杖的制度，并记载在法令上。』三月庚寅，山阳公刘协逝世。叡穿上丧服，为刘协发哀，并派遣使者持符节安排丧葬事务。己酉，大赦天下。夏季，四月，瘟疫流行。崇华殿发生火灾。丙寅，下诏命令有关部门以太牢的规格祭祀文帝曹丕的祭庙，并向文帝的神主牌位报告山阳公的死讯。追谥山阳公刘协为汉孝献皇帝，用汉朝皇帝的礼仪制度来安葬刘协。

本月，诸葛亮率蜀军经由斜谷，进驻渭南，司马懿率领诸军抵抗蜀军。叡下诏给司马懿：『只要坚守营寨，挫伤蜀军锐气，使得他们进不能攻，退不能战，长期停留就会缺乏军粮，四处抢掠也抢不到什么东西，则必然会退兵。我军乘势追赶，以逸待劳，是稳获全胜的策略。』

五月，太白星在白天出现。孙权进入居巢湖口，向合肥新城进军，又派遣大将陆议、孙韶各自统率一万余人进入淮河、沔水。六月，征东将军满宠率军抵抗吴军。满宠准备放弃合肥新城的防守，引诱吴军深入寿春。叡不同意，说：『从前，汉光武帝派兵据守略阳，终于攻破隗嚣；先帝在东方设置合肥，在南方坚守襄阳，在西边固守祁山，贼来就被破于这三城之下的原因，就在于这三城都是兵家必争的险要之地。即使孙权进攻新城，也一定不会攻下。命令诸将坚守，我将亲自率兵前去征讨，等我到时，只怕孙权已经逃走了。』秋季，七月壬寅，叡亲自乘坐龙舟向东征讨。孙权进攻新城，将军张颖等坚守城池，拼死作战。叡大军离合肥新城还差几百里地，孙权就赶快撤军，陆议、孙韶等也退回东吴。大臣们认为大将军司马懿正在与诸葛亮统率的蜀军相持，不分胜负，建议叡亲统大军向西巡幸长安，做司马懿的后援。叡说：『孙权退走，诸葛亮的胆已被吓破，大将军一定可以对付，我不必再担忧了。』于是，叡进军到达寿春，记录诸将的功劳，分别加以封赏。八月己未，举行大规模阅兵仪式，犒赏六军，派遣使者持符节犒劳驻守合肥、寿春的诸军。辛巳，返回许昌宫。

司马懿与诸葛亮相持多日，各筑营寨，诸葛亮几次挑战，司马懿坚守营寨，拒不应战。正在这时诸葛亮因病逝世，蜀军退回汉中。

冬季，十月乙丑，月亮运行到土星及轩辕星附近。戊寅，月亮运行到太白星附近。十一月，京城洛阳地震，从东南方向来，声音隐约，摇动房屋上的瓦片。十二月，下诏命令有关部门删改确定死罪条例，减免死罪。

青龙三年春季，正月戊子，任命大将军司马懿为太尉。己亥，重新设置朔方郡。京城洛阳瘟疫流行。丁巳，皇太后郭氏逝世。乙亥，有陨石落在寿光县。三月庚寅，给皇太后郭氏上谥号为文德，在首阳陵涧西为她修建陵墓，完全按曹丕生前的安排进行。

在这一时期，大规模营建洛阳宫，修造昭阳殿、太极殿和总章观。百姓因被征服徭役，而耽误农时，正直的大臣杨阜、高堂隆等分别多次恳切地向叡进言，劝阻他的这种做法。叡虽然不能听从劝告，但对大臣们很宽容。

秋季，七月，洛阳崇华殿发生火灾。八月庚午，立皇子曹芳为齐王，曹询为秦王。丁巳，叡返回洛阳宫。命令有关部门修复崇华殿，改名九龙殿。冬季，十月己酉，中山王曹衮逝世。壬申，太白星在白天出现。十一月丁酉，叡出行，到达许昌宫。

青龙四年春季，二月，太白星再次在白天出现，月亮运行到太白星附近，又运行到轩辕星官的一颗星附近，进入天空中被称作『太微』的区域，而后出来。夏季，四月，设置崇文观，征召善于撰写文章的人入观。五月乙卯，司徒董昭逝世。丁巳，肃慎部落进献楛矢。

六月壬申，叡下诏说：『从前，有虞氏在罪人衣服上画五刑的图像以示惩罚，百姓即不犯法；周朝时因无人犯法，刑法搁置不用。我追随百王之后，仰望前世的民风，怎么相差那么遥远？法令规则越多，犯法的人也越多，刑罚范围日趋广泛，却仍不能制止奸恶。先前，审查判处死刑的法令条文，减除很多条，我的心意是想拯救百姓的生命。而各郡、国处死的人，一年还要超过数百人，莫非是我训导不够，使百姓轻于犯法，还是严苛的法令仍存在，成为百姓的陷阱？有关部门在审理死刑案件时，要以宽大为主。乞求恩典来赦免的情况，有的还未来得及申诉，而已经判决，这不是追究法理，以尽人情的做法。现在，命令廷尉以及天下的司法官员，凡犯有死罪，案情已定的，只要不是谋反以及亲手杀人的，都要立即告诉他的亲属，有乞求宽赦的，要与案情报告一齐上报，我将考虑怎样可以宽免。把这个诏书布告天下，使百姓都能知道我的心意。』

秋季，七月，高句丽王位宫斩杀孙权的使者胡卫等人，把他们的人头送到幽州。甲寅，太白星运行到轩辕大星附近。冬季，十月己卯，叡返回洛阳宫。甲申，有彗星出现在大辰星附近。乙酉，彗星又出现在东方。十一月己亥，彗星出现在宦者天纪星附近。十二月癸巳，司空陈群逝世。乙未，叡出行，到达许昌宫。

景初元年春季，正月壬辰，出茌县报告说有黄龙出现。于是有关部门上奏，认为魏国符合解释朝代更迭的三统说中的地统，应该依照商朝，以十二月为正月。三月，定历法，改年号，把青龙五年三月改为景初元年四月。衣服的颜色崇尚黄色，会祀用的牲畜用白色的，有军事行动时骑乘黑头白马，树立大红的旗帜，在朝会时则树立大白的旗帜。改太和历为景初历。春、夏、秋、冬四季以及每季的孟、仲、季月虽然与原来实行的夏历不同，但在郊外祭祀天地、在五郊举行迎气仪式、四时祭祀宗庙、出巡礼察、外出打猎、宣告节气时令的早晚、指导百姓从事农业，都以夏历的月份作为历数的顺序。

五月己巳，叡返回洛阳宫。己丑，大赦天下。六月戊申，京城洛阳地震。己亥，任命尚书令陈矫为司徒，尚书右仆射卫臻为司空。丁未，划分魏兴郡的魏阳县、锡郡的安富县和上庸县，设置上庸郡。撤销锡郡，将锡县拨属于魏兴郡。

有关部门上奏：『武皇帝拨乱反正，为魏国太祖，用武始舞作为祭乐。文皇帝顺应天意，接受天命，为魏国高祖，用咸熙舞作为祭乐。陛下制礼作乐，大兴文治，为魏国烈祖，用章斌舞作为乐舞。这三祖的祭庙，万代不毁。其余四位祖先的祭庙，与在位皇帝的亲属关系疏远后就销毁更换，就如周朝祭祀后稷、文王、武王的制度一样。』

秋季，七月丁卯，司徒陈矫逝世。孙权派遣大将朱然等二万人包围江夏郡，荆州刺史胡质等进击吴军，朱然退走。起初，孙权派遣使者渡海与高句丽联系，准备袭击辽东。叡派遣幽州刺史毌丘俭率领诸军以及鲜卑、乌丸等驻在辽东的南界，用玺书征召公孙渊入朝。公孙渊发兵造反，毌丘俭进军讨伐公孙渊。正好一连下了十天雨，辽水大涨，叡下诏命令毌丘俭率军撤回。右北平乌丸单于寇娄敦、辽西乌丸都督王护留等本来居住在辽东，他们率领部众一同内迁，降附魏国。己卯，下诏赦免所有受到公孙渊胁迫而不能投降的辽东将士、官吏、士人和百姓。辛卯，太白星在白天出现。自从毌丘俭退军后，公孙渊就自立为燕王，设置百官，称绍汉元年。

叡下诏命令青、兖、幽、冀四州大规模地修造海船。九月，冀、兖、徐、豫四州的百姓遭受水灾，派遣侍御史到灾区巡察被淹死以及失去财产的人，所到之处打开官府仓库赈济灾民。庚辰，皇后毛氏逝世。冬季，十月丁未，月亮运行到火星附近。癸丑，把皇后毛氏安葬在愍陵。乙卯，把洛阳以南的委粟山营建为圜丘。十二月壬子，冬至，开始祭祀圜丘。丁巳，分襄阳郡的临沮、宜城、旌阳、邔县四县，设置襄阳南部都尉。己未，有关部门奏请为文昭皇后甄氏在京城洛阳设立祭庙。分襄阳郡的鄀叶县属于义阳郡。

景初二年春季，正月，下诏命令太尉司马懿统率大军讨伐辽东。

二月癸卯，任命大中大夫韩暨为司徒。癸丑，月亮运行到心距星附近，又运行到心中央大星附近。夏季，四月庚子，司徒韩暨逝世。壬寅，分沛国的萧、相、竹邑、符离、蕲、铚、龙亢、山桑、洨、虹十县，设立汝阴郡。宋县和陈郡的苦县都属于谯郡。以沛、杼秋、公丘以及彭城郡的丰国、广戚五县为沛王国。庚戌，大赦天下。五月乙亥，月亮运行到心距星附近，又运行到中央大星附近。六月，撤销渔阳郡的狐奴县，复置安乐县。秋季，八月，烧当部落羌王芒中、注诣等造反，凉州刺史率领各郡郡兵前去讨伐，砍下注诣的头颅。癸丑，有彗星出现在天空中被称为张宿的区域。

丙寅，司马懿在襄平包围公孙渊，大破辽东军，杀死公孙渊，把他的头颅传送到洛阳，海东诸郡全部平定。冬季，十一月，记载讨伐公孙渊的战功，太尉司马懿以下的将士分别受到增加封地和封爵等赏赐。起初，叡与大臣商议派遣司马懿讨伐公孙渊，发兵四万人。参与商议的大臣们都以为四万人太多，难于供给徭役和费用。叡说：『远征四千里去讨伐敌人，虽说是运用计谋，也要有军力做后盾，不应当太计较役费。』于是，派遣四万人出征。等到司马懿到达辽东，大雨连绵，不能立刻开始进攻，大臣中有人认为公孙渊不能一下攻破，应当下诏命令司马懿退军。叡说：『司马懿遇到危险能随机应变，捉住公孙渊的日子不用等待太久了。』最后，都如叡所预计的一样。

壬午，任命司空卫臻为司徒，司隶校尉崔林为司空。闰十一月，月亮运行到心中央大星附近。十二月乙丑，叡患病。辛巳，立郭氏为皇后。赐天下男子每人晋爵两级，并赐给鳏夫、寡妇、孤儿和年老无子的人粮食。任命燕王曹宇为大将军。甲申，免除曹宇的职务，任命武卫将军曹爽为大将军，取代曹宇。起初，青龙三年中，寿春一个农民的妻子自己说是被天神派下来的，命令她为登女，去卫护魏国王室，驱邪纳福。她给病人喝水，并用水清洗病人疮口，有许多人的病就好了。于是叡在后宫为她建立馆舍，下诏称赞她的效验，非常宠信，待遇甚好。这次叡患病，饮用她奉献的水没有效用，就把她杀掉了。

景初三年春季，正月丁亥，太尉司马懿回到河内，叡命令用驿马传诏，召司马懿立即来洛阳。司马懿赶到后，被引入叡卧室内，叡握着他的手说：『我病势已重，把后事托付给您，您与曹爽辅佐少子。我能见到您，就不再有什么恨事了。』司马懿叩头流泪。当天，叡在嘉福殿逝世，当时他只有三十六岁。癸丑，把叡安葬于高平陵。

评论说：明帝叡为人沉着、刚毅、果断，博闻多识，处理事务任心而行，很有君主的气概。当时百姓生活凋敝，天下没有统一，但他不先考虑光耀祖先，开拓宏图大业，而急于追仿秦始皇、汉武帝，营造宫殿馆阁，用治国的远大谋略来衡量，这大概要算是他的缺点了。

刘焉刘璋传第一

刘焉，字君郎，江夏竟陵人也，汉鲁恭王之后裔，章帝元和中徙封竟陵，支庶家焉。焉少仕州郡，以宗室拜中郎，后以师祝公丧去官。居阳城山，积学教授，举贤良方正，辟司徒府，历雒阳令、冀州刺史、南阳太守、宗正、太常。焉睹灵帝政治衰缺，王室多故，乃建议言：『刺史、太守，货赂为官，割剥百姓，以致离叛。可选清名重臣以为牧伯，镇安方夏。』焉内求交阯牧，欲避世难。议未即行，侍中广汉董扶私谓焉曰：『京师将乱，益州分野有天子气。』焉闻扶言，意更在益州。会益州刺史郤俭赋敛烦扰，谣言远闻，而并州杀刺史张壹，凉州杀刺史耿鄙，焉谋得施。出为监军使者，领益州牧，封阳城侯，当收俭治罪；扶亦求为蜀郡西部属国都尉，及太仓令（会）巴西赵韪去官，俱随焉。

是时益州逆贼马相、赵祗等于绵竹县自号黄巾，合聚疲役之民，一二日中得数千人，先杀绵竹令李升，吏民翕集，合万余人，便前破雒县，攻益州杀俭，又到蜀郡、犍为，旬月之间，破坏三郡。相自称天子，众以万数。州从事贾龙（素）领〔家〕兵数百人在犍为东界，摄敛吏民，得千余人，攻相等，数日破走，州界清静。龙乃选吏卒迎焉。焉徙治绵竹，抚纳离叛，务行宽惠，阴图异计。张鲁母始以鬼道，又有少容，常往来焉家，故焉遣鲁为督义司马，住汉中，断绝谷阁，杀害汉使。焉上书言『米贼断道，不得复通』，又托他事杀州中豪强王咸、李权等十余人，以立威刑。犍为太守任岐及贾龙由此反攻焉，焉击杀岐、龙。

焉意渐盛，造作乘舆车具千余乘。荆州牧刘表表上焉有似子夏在西河疑圣人之论。时焉子范为左中郎将，诞治书御史，璋为奉车都尉，皆从献帝在长安，惟叔子别部司马瑁素随焉。献帝使璋晓谕焉，焉留璋不遣。时征西将军马腾屯郿而反，焉及范与腾通谋引兵袭长安。范谋泄，奔槐里，腾败，退还凉州，范应时见杀，于是收诞行刑。议郎河南庞羲与焉通家，乃募将焉诸孙入蜀。时焉被天火烧城，车具荡尽，延及民家。焉徙治成都，既痛其子，又感袄灾，兴平元年，痈疽发背而卒。州大吏赵韪等贪璋温仁，共上璋为益州刺史，诏书因以为监军使者，领益州牧，以韪为征东中郎将，率众击刘表。

璋，字季玉，既袭焉位，而张鲁稍骄恣，不承顺璋，璋杀鲁母及弟，遂为仇敌。璋累遣庞羲等攻鲁，数为所破。鲁部曲多在巴西，故以羲为巴西太守，领兵御鲁。后羲与璋情好携隙，赵韪称兵内向，众散见杀，皆由璋明断少而外言入故也。璋闻曹公征荆州，已定汉中，遣河内阴溥致敬于曹公。加璋振威将军，兄瑁平寇将军。瑁狂疾物故。璋复遣别驾从事蜀郡张肃送叟兵三百人并杂御物于曹公，曹公拜肃为广汉太守。璋复遣别驾张松诣曹公，曹公时已定荆州，走先主，不复存录松，松以此怨。会曹公军不利于赤壁，兼以疫死。松还，疵毁曹公，劝璋自绝，因说璋曰：『刘豫州，使君之肺腑，可与交通。』璋皆然之，遣法正连好先主，寻又令正及孟达送兵数千助先主守御，正遂还。后松复说璋曰：『今州中诸将庞羲、李异等皆恃功骄豪，欲有外意，不得豫州，则敌攻其外，民攻其内，必败之道也。』璋又从之，遣法正请先主。璋主簿黄权陈其利害，从事广汉王累自倒县于州门以谏，璋一无所纳，敕在所供奉先主，先主入境如归。先主至江州，北由垫江水诣涪。去成都三百六十里，是岁建安十六年也。璋率步骑三万余人，车乘帐幔，精光曜日，往就与会先主所将将士，更相之适，欢饮百余日。璋资给先主，使讨张鲁，然后分别。

明年，先主至葭萌，还兵南向，所在皆克。十九年，进围成都数十日，城中尚有精兵三万人，谷帛支一年，吏民咸欲死战。璋言：『父子在州二十余年，无恩德以加百姓。百姓攻战三年，肌膏草野者，以璋故也，何心能安！』遂开城出降，群下莫不流涕。先主迁璋于南郡公安，尽归其财物及故佩振威将军印绶。孙权杀关羽，取荆州，以璋为益州牧，驻秭归。璋卒，南中豪率雍闿据益郡反，附于吴。权复以璋子阐为益州刺史，处交、益界首。丞相诸葛亮平南土，阐还吴，为御史中丞。初，璋长子循妻，庞羲女也。先主定蜀，羲为左将军司马，璋时从羲启留循，先主以为奉车中郎将。是以璋二子之后，分在吴、蜀。

评曰：昔魏豹闻许负之言则纳薄姬于室，刘歆见图谶之文则名字改易，终于不免其身，而庆钟二主。此则神明不可虚要，天命不可妄冀，必然之验也。而刘焉闻董扶之辞则心存益土，听相者之言则求婚吴氏，遽造舆服，图窃神器，其惑甚矣。璋才非人雄，而据土乱世，负乘致寇，自然之理，其见夺取，非不幸也。

【译文】

刘焉，字君郎，江夏郡竟陵县人，是汉鲁恭王的后代子孙。刘焉的祖先在汉章帝元和年间被改封在竟陵，各个子孙分支旁系都在这里定居繁衍。刘焉年轻时在州郡中任职，以宗室子弟的身份被拜作中郎，以后又因为老师祝公去世，服丧离职。刘焉曾住在阳城山，积累知识，教授学生，被推举为贤良方正，由司徒府聘请，历任洛阳县令、冀州刺史、南阳太守、宗正、太常等官职。刘焉见到汉灵帝时政治腐败，国力衰落，国家多次发生变故，便向朝廷建议：『刺史、太守，靠贿赂钱财得到官职，残酷地盘剥老百姓，因此使得百姓离心叛乱。应该选用有清廉名望的朝廷重臣去做地方上的州牧方伯，镇守中国，使国家安定。』刘焉心中打算，要去谋求做交阯牧，好去躲避社会动乱。但商议后没有立即去活动，侍中广汉人董扶私下对刘焉说：『京城快要出乱子了。在天穹中表示益州的那一部分有天子的云气显示出来了。』刘焉听了董扶的话后，主意便改打在益州上。正赶上益州刺史郤俭在地方上搜取的赋税繁多，使百姓不能安居。民间的怨言谣传纷起，远方都可以听到。而且这时并州人造反，杀了刺史张壹，凉州人杀了刺史耿鄙，这些使得刘焉的打算得以实施。刘焉从朝廷上被派出来做监军使者，兼任益州牧，并被封为阳城侯，负责把郤俭逮捕起来审判他的罪行。董扶也请求去做蜀郡西部属国都尉。连太仓令巴西人赵韪也放弃了官职，一起随从刘焉去益州。

当时益州叛乱的盗贼马相、赵祇等人在绵竹县自称为黄巾军，招集聚合不堪苦役的百姓，一两天中就汇集了几千人，先杀死了绵竹县令李升。小吏员、平民百姓们聚合起来参加，共有一万多人，他们便继续向官府进攻，占领了洛县；又攻进益州，杀了郤俭；又向蜀郡、犍为进攻。一个月之内，接连攻占了三个郡府。马相自称为天子，率领的兵众有几万人。益州从事贾龙率领自己的家兵几百人到犍为郡的东方边界一带收集整顿流散的官吏和平民，集合一千多人，便去攻击马相等人，几天中便把马相打败，赶走了叛乱的贼众。益州境界中出现了清静平定的局面。贾龙便选派了吏员和士兵去迎接刘焉。刘焉把州的官署迁移到绵竹，招抚收纳背离叛变的官兵百姓，处处施行宽厚的政策，给人民好处，暗地里做自霸一方的打算和安排。张鲁的母亲开始时是由于有巫术，又加上有些美貌颜色，便经常来刘焉家中交往。因此，刘焉派遣张鲁做督义司马，到汉中去，拆毁截断了谷阁的通路，杀害来往的汉朝使节。刘焉向朝廷上书说：五斗米道的贼人阻断了道路，益州不能再与中央通信往来。又借口别的事情，杀死了益州的豪族霸强人物王咸、李权等十几人，以此树立刑罚的权威。犍为太守任岐和贾龙因此反过来攻击刘焉。刘焉攻打任岐、贾龙，并且杀了他们二人。

刘焉想当皇帝的心情越来越强烈，造了皇帝规格的车辆和用具一千多套。荆州牧刘表向朝廷奏表，报告了刘焉有像子夏在西河怀疑圣人那样的不法言论。当时刘焉的儿子刘范做左中郎将，刘诞做治书御史，刘璋做奉车都尉，三个人都随从汉献帝住在长安，只有三儿子别部司马刘瑁一直跟着刘焉。汉献帝派刘璋去向刘焉传达皇帝的旨意，开导刘焉。刘焉把刘璋留下，不让他回去。当时征西将军马腾驻扎在郿地，举兵反叛。刘焉和刘范与马腾通信合谋，领兵来袭击长安。刘范的计划被泄露了，他便逃跑到槐里去。马腾战败后，退回凉州。刘范在策应马腾时被杀死。董卓于是逮捕了刘诞并处以死刑。议郎河南人庞羲和刘焉两家世代交好，便找到了刘焉的各个孙子，把他们送到蜀郡来。当时刘焉遇到城中失火，把车辆用具烧个精光，火势一直波及老百姓家。刘焉便把州府迁移到成都。刘焉既为他死去的儿子悲痛，又为天降的火灾感伤，心情郁闷。兴平元年，在背上长出了恶性脓疮，病重去世。益州的高级官吏赵韪等人贪图刘璋性格温和仁慈，共同上书，扶助刘璋做益州刺史。朝廷便下诏书，根据益州官吏的上书任命刘璋做监军使者，兼任益州牧。任命赵韪做征东中郎将，率领军队攻击刘表。

刘璋，字季玉。他承继了刘焉的官位后，张鲁便有些骄傲放任，不肯听从刘璋，不向刘璋表示顺服。刘璋便杀了张鲁的母亲和弟弟，从此和张鲁成为仇敌。刘璋多次派遣庞羲等人攻打张鲁，但都被张鲁打败。张鲁的私家军队大部分在巴西地区。因此刘璋派庞羲做巴西太守，率领军队抵御张鲁。以后庞羲和刘璋两个人的友谊中也产生了间隙，赵韪发动兵变，在内部向刘璋进攻，民众离散被杀害等事件，全都是由于刘璋这个人缺少明确的判断而听了外人言论的缘故。刘璋听说曹操征伐荆州，已经平定了汉中，便派河内人阴溥去向曹操表示敬意。朝廷加封刘璋振威将军，封刘璋的哥哥刘瑁平寇将军。刘瑁得了发狂的病死去了。刘璋又派遣别驾从事蜀郡人张肃去给曹操送了三百名蜀地士兵和其他的日常用品。曹操任命张肃做广汉太守。刘璋又派遣别驾张松去拜见曹操。曹操当时已经占领了荆州，刘备逃跑了。曹操便不再关心张松，也不提拔他做官。张松因此怨恨曹操。正遇上曹操的军队在赤壁打了败仗，加上瘟疫流行，士兵病死。张松回到益州，挑曹操的毛病，说曹操的坏话，劝刘璋和曹操断绝往来，并趁机劝说刘璋：『刘豫州与您是肺腑之亲，可以和他结交往来。』刘璋认为张松说的全可以采纳，便派法正去联系刘备，和他交好，接着又命令法正和孟达送给刘备几千名士兵，帮助刘备守卫城池。然后，法正就回来了。以后，张松又向刘璋建议说：『现在益州内部各位将领，如庞羲、李异等人全都依恃自己有功劳，骄傲不羁，想要与外人勾结，怀有二心。如果您不能得到刘豫州的帮助，就会使敌人自外部进攻，州里的军民在内部造反，那是一定要失败的了。』刘璋又听从了张松的建议，派法正去请刘备进益州。刘璋的主簿黄权向他陈明请刘备入蜀的危害，从事广汉人王累把自己倒着悬挂在益州城门上，以此向刘璋进谏。但是刘璋对这些一点都不采纳，命令刘备所到之处要供给各项用品。刘备进入益州境内后，就像到了家里一样。刘备到了江州后，由垫江水路北上，来到涪县，涪县离成都三百六十里地。这一年是建安十六年。刘璋率领步兵骑兵三万多人，车辆支起帐幔，光彩鲜明，像太阳一样耀眼，去与刘备相会。刘备所率领的官兵，也轮流到刘璋处会见，纵情饮宴一百多天，欢乐之极。刘璋送给刘备大量粮饷资财，让刘备去征讨张鲁，然后才分手告别。

第二年，刘备到了葭萌，指挥军队转回来向南进发，所到之处全被他攻克了。建安十九年，刘备进兵到成都，围城几十天。成都城里当时还有精壮的士兵三万人，储存的粮食绢帛足够支用一年。官吏和平民全都想要拼死抵抗。

刘璋说：『我们父子在益州二十几年了，没有什么恩德给予老百姓。老百姓攻伐作战三年了，尸体被丢失在田野草莽中，都是为了我刘璋的缘故。我的心里怎么能平安呢？』便开城门，出城去向刘备投降。刘璋属下的官吏没有不流泪的。

刘备把刘璋迁到南郡公安县去居住，把刘璋的全部财物和他以前佩戴的振威将军印绶都还给了他。孙权杀死关羽，占领了荆州，任命刘璋做益州牧，驻在秭归。刘璋死后，南方的地方豪强首领雍闿盘踞益州，反叛刘备，依附于吴国。孙权又任命刘璋的儿子刘阐做益州刺史，驻在交州与益州交界的地方。丞相诸葛亮平定了南方。刘阐返回吴国，做了御史中丞。当初，刘璋的大儿子刘循娶了庞羲的女儿做妻子。刘备占领了蜀地后，庞羲做刘备手下的左将军司马。刘璋当时通过庞羲请求把刘循留下。刘备便任命刘循做奉车中郎将。因此刘璋两个儿子的后代分别在吴国和蜀国两地。

评论说：过去魏豹听了许负的话就把薄姬娶到家里来，刘歆见到了图谶的文字便把名字改过来，但是到底也没能免除他们的灾祸，却给他们二人的君主带来了福庆。这就是说，不可以虚妄地要求神明的保佑，不可以妄想得到天命，那是该得到的人必然能有的应验。而刘焉听到董扶的话就把心思寄托在益州的土地上，听了卜筮相面术士的言论就向吴氏去求婚。急急忙忙地制造皇帝用的车辆服饰，企图窃取皇帝的宝座。他的迷惑昏乱也太厉害了。刘璋的才能够不上人中的雄杰，却在战乱年代中盘踞一方土地，小人窃取了君子的地位会招致寇盗，这是自然的情理。他的益州牧地位被人夺取，不能算是不幸啊！

吴书一

孙破虏讨逆传第一

孙坚，字文台，吴郡富春人，盖孙武之后也。少为县吏。年十七，与父共载船至钱唐，会海贼胡玉等从匏里上掠取贾人财物，方于岸上分之，行旅皆住，船不敢进。坚谓父曰：『此贼可击，请讨之。』父曰：『非尔所图也。』坚行操刀上岸，以手东西指麾，若分部人兵以罗遮贼状。贼望见，以为官兵捕之，即委财物散走。坚追，斩得一级以还；父大惊。由是显闻，府召署假尉。会稽妖贼许昌起于句章，自称阳明皇帝，与其子韶扇动诸县，众以万数。坚以郡司马募召精勇，得千余人，与州郡合讨破之。是岁，熹平元年也。刺史臧旻列上功状，诏书除坚盐渎丞，数岁徙盱眙丞，又徙下邳丞。

中平元年，黄巾贼帅张角起于魏郡，托有神灵，遣八使以善道教化天下，而潜相连结，自称黄天泰平。三月甲子，三十六万一旦俱发，天下响应，燔烽郡县，杀害长吏。汉遣车骑将军皇甫嵩、中郎将朱俊将兵讨击之。俊表请坚为佐军司马，乡里少年随在下邳者皆愿从。坚又募诸商旅及淮、泗精兵，合千许人，与俊并力奋击，所向无前。汝、颍贼困迫，走保宛城。坚身当一面，登城先入，众乃蚁附，遂大破之。俊具以状闻上，拜坚别部司马。

边章、韩遂作乱凉州，中郎将董卓拒讨无功。中平三年，遣司空张温行车骑将军，西讨章等。温表请坚与参军事，屯长安。温以诏书召卓，卓良久乃诣温。温责让卓，卓应对不顺。坚时在坐，前耳语谓温曰：『卓不怖罪而鸱张大语，宜以召不时至，陈军法斩之。』温曰：『卓素著威名于陇蜀之间，今日杀之，西行无依。』坚曰：『明公亲率王兵，威震天下，何赖于卓？观卓所言，不假明公，轻上无礼，一罪也。章、遂跋扈经年，当以时进讨，而卓云未可，沮军疑众，二罪也。卓受任无功，应召稽留，而轩昂自高，三罪也。古之名将，仗钺临众，未有不断斩以示威者也，是以穰苴斩庄贾，魏绛戮杨干。今明公垂意于卓，不即加诛，亏损威刑，于是在矣。』温不忍发举，乃曰：『君且还，卓将疑人。』坚因起出。章、遂闻大兵向至，党众离散，皆乞降。军还，议者以军未临敌，不断功赏，然闻坚数卓三罪，劝温斩之，无不叹息。

拜坚议郎。时长沙贼区星自称将军，众万余人，功围城邑，乃以坚为长沙太守。到郡，亲率将士，施设方略，旬月之间，克破星等。周朝、郭石亦帅徒众起于零、桂，与星相应。遂越境寻讨，三郡肃然。汉朝录前后功，封坚乌程侯。

灵帝崩，卓擅朝政，横恣京城。诸州郡并兴义兵，欲以讨卓。坚亦举兵。荆州刺史王睿素遇坚无礼，坚过杀之。比至南阳，众数万人。南阳太守张咨闻军至，晏然自若。坚以牛酒礼咨，咨明日亦答诣坚。酒酣，长沙主簿入白坚：『前移南阳，而道路不治，军资不具，请收主簿推问意故。』咨大惧欲去，兵陈四周不得出。有顷，主簿复入白坚：『南阳太守稽停义兵，使贼不时讨，请收出案军法从事。』便牵咨于军门斩之。郡中震栗，无求不获。前到鲁阳，与袁术相见。术表坚行破虏将军，领豫州刺史。遂治兵于鲁阳城。当进军讨卓，遣长史公仇称将兵从事还州督促军粮。施帐幔于城东门外，祖道送称，官属并会。卓遣步骑数万人逆坚，轻骑数十先到。坚方行酒谈笑，敕部曲整顿行阵，无得妄动。后骑渐益，坚徐罢坐，导引入城，乃谓左右曰：『向坚所以不即起者，恐兵相蹈藉，诸君不得入耳。』卓兵见坚士众甚整，不敢攻城，乃引还。坚移屯梁东，大为卓军所攻，坚与数十骑溃围而出。坚常著赤罽帻，乃脱帻令亲近将祖茂著之。卓骑争逐茂，故坚从间道得免。茂困迫，下马，以帻冠冢间烧柱，因伏草中。卓骑望见，围绕数重，定近觉是柱，乃去。坚复相收兵，合战于阳人，大破卓军，枭其都督华雄等。是时，或间坚于术，术怀疑，不运军粮。阳人去鲁阳百余里，坚夜驰见术，画地计较，曰：『所以出身不顾，上为国家讨贼，下慰将军家门之私仇。坚与卓非有骨肉之怨也，而将军受谮润之言，还相嫌疑！』术踧踖，即调发军粮。坚还屯。卓惮坚猛壮，乃遣将军李傕等来求和亲，令坚列疏子弟任刺史、郡守者，许表用之。坚曰：『卓逆天无道，荡覆王室，今不夷汝三族，县示四海，则吾死不瞑目，岂将与乃和亲邪？』复进军大谷，拒雒九十里。卓寻徙都西入关，焚烧雒邑。坚乃前入至雒，修诸陵，平塞卓所发掘。讫，引军还，住鲁阳。

初平三年，术使坚征荆州，击刘表。表遣黄祖逆于樊、邓之间，坚击破之，追渡汉水，遂围襄阳，单马行岘山，为祖军士所射杀。兄子贲，帅将士众就术，术复表贲为豫州刺史。

坚四子：策、权、翊、匡。权既称尊号，谥坚曰武烈皇帝。

策字伯符。坚初兴义兵，策将母徙居舒，与周瑜相友，收合士大夫，江、淮间人咸向之。坚薨，还葬曲阿。已乃渡江居江都。

徐州牧陶谦深忌策。策舅吴景，时为丹杨太守，策乃载母徙曲阿，与吕范、孙河俱就景，因缘招募得数百人。兴平元年，从袁术。术甚奇之，以坚部曲还策。太傅马日磾杖节安集关东，在寿春以礼辟策，表拜怀义校尉，术大将乔蕤、张勋皆倾心敬焉。术常叹曰：『使术有子如孙郎，死复何恨！』策骑士有罪，逃入术营，隐于内厩，策指使人就斩之，讫，诣术谢。术曰：『兵人好叛，当共疾之，何为谢也？』由是军中益畏惮之。术初许策为九江太守，已而更用丹杨陈纪。后术欲攻徐州，从庐江太守陆康求米三万斛。康不与，术大怒。策昔曾诣康，康不见，使主簿接之。策常衔恨。术遣策攻康，谓曰：『前错用陈纪，每恨本意不遂。今若得康，庐江真卿有也。』策攻康，拔之，术复用其故吏刘勋为太守，策益失望。先是，刘繇为扬州刺史，州旧治寿春。寿春，术已据之，繇乃渡江治曲阿。时吴景尚在丹杨，策从兄贲又为丹杨都尉，繇至，皆迫逐之。景、贲退舍历阳。繇遣樊能、于麋东屯横江津，张英屯当利口，以拒术。术自用故吏琅邪惠衢为扬州刺史，更以景为督军中郎将，与贲共将兵击英等，连年不克。策乃说术，乞助景等平定江东。术表策为折冲校尉，行殄寇将军，兵财千余，骑数十匹，宾客愿从者数百人。比至历阳，众五六千。策母先自曲阿徙于历阳，策又徙母阜陵，渡江转斗，所向皆破，莫敢当其锋，而军令整肃，百姓怀之。

策为人，美姿颜，好笑语，性阔达听受，善于用人，是以士民见者，莫不尽心，乐为致死。刘繇弃军遁逃，诸郡守皆捐城郭奔走。吴人严白虎等众各万余人，处处屯聚。吴景等欲先击破虎等，乃至会稽。策曰：『虎等群盗，非有大志，此成禽耳。』遂引兵渡浙江，据会稽，屠东冶，乃攻破虎等。尽更置长吏，策自领会稽太守，复以吴景为丹杨太守，以孙贲为豫章太守，分豫章为庐陵郡，以贲弟辅为庐陵太守，丹杨朱治为吴郡太守。彭城张昭、广陵张纮、秦松、陈端等为谋主。时袁术僭号，策以书责而绝之。曹公表策为讨逆将军，封为吴侯。后术死，长史杨弘、大将张勋等将其众欲就策，庐江太守刘勋要击，悉虏之，收其珍宝以归。策闻之，伪与勋好盟。勋新得术众，时豫章上缭宗民万余家在江东，策劝勋攻取之。勋既行，策轻军晨夜袭拔庐江，勋众尽降，勋独与麾下数百人自归曹公。是时袁绍方强，而策并江东，曹公力未能逞，且欲抚之。乃以弟女配策小弟匡，又为子章取贲女，皆礼辟策弟权、翊，又命扬州刺史严象举权茂才。

建安五年，曹公与袁绍相拒于官渡，策阴欲袭许，迎汉帝，密治兵，部署诸将。未发，会为故吴郡太守许贡客所杀。先是，策杀贡，贡小子与客亡匿江边。策单骑出，卒与客遇，客击伤策。创甚，请张昭等谓曰：『中国方乱，夫以吴、越之众，三江之固，足以观成败。公等善相吾弟！』呼权佩以印绶，谓曰：『举江东之众，决机于两阵之间，与天下争衡，卿不如我；举贤任能，各尽其心，以保江东，我不如卿。』至夜卒，时年二十六。

权称尊号，追谥策曰长沙桓王，封子绍为吴侯，后改封上虞侯。绍卒，子奉嗣。孙皓时，讹言谓奉当立，诛死。

评曰：孙坚勇挚刚毅，孤微发迹，导温戮卓，山陵杜塞，有忠壮之烈。策英气杰济，猛锐冠世，览奇取异，志陵中夏。然皆轻佻果躁，陨身致败。且割据江东，策之基兆也，而权尊崇未至，子止侯爵，于义俭矣。

【译文】

孙坚，字文台，吴郡富春人。大概是春秋齐人孙武的后裔。年轻时他做过县吏。十七岁那年，他和父亲一起乘船到钱唐，正碰上海盗胡玉等人从匏里西出来抢劫商人财物，正在岸上分赃。行人吓得止步，过往船只也不敢向前行驶。孙坚对父亲说：『这伙强盗可以还击，请让我去讨伐他们。』父亲说：『这些强盗不是你能对付得了的。』孙坚要持刀上岸，却用手往东往西地指挥着，好像分配部署人马包抄海盗的样子。海盗们远远地看见了，以为官兵要来拘捕他们，就扔下财物四散而逃。孙坚追上去，砍下一个海盗的首级才回来。父亲大吃一惊。孙坚因此名声大振，郡府征召他署理校尉。会稽的妖贼许昌在句章兴兵作乱，自称阳明皇帝，和他儿子许韶到各县煽风点火，聚众数以万计。孙坚以郡司马的身份招募壮士，得到了一千多人，和州郡的官兵合力讨伐，击溃了强盗。这一年是汉熹平元年。刺史臧旻向朝廷呈报了孙坚的功劳，朝廷下诏书晋升孙坚为盐渎县丞。几年以后改任盱眙县丞，又改任下邳县丞。

汉中平元年，黄巾贼的首领张角在魏郡起事，他假托神灵，派出八个使者以『善道』教化天下，暗中却互相勾结串联，自称『黄天泰平』。三月五日，张角的三十六万信徒在一日之间同时举兵，各地纷纷响应，焚烧郡县官府，杀害地方官员。汉朝廷派车骑将军皇甫嵩、中郎将朱俊率领部队前去讨伐他们。朱俊呈表奏请孙坚担任佐军司马。那些跟随孙坚在下邳当差的同乡青年都愿意跟着孙坚出征。孙坚又从过往商旅中以及淮水、泗水一带招募精兵，总共一千多人，和朱俊并力奋战，所向无前。汝水、颍水一带的强盗走投无路，逃进宛县城邑固守。孙权独当一面，登上城墙，率先攻入城内，他的部众就像蚂蚁一般紧随其后，终于把敌人打得大败。朱俊把孙坚的事迹全部呈报朝廷，朝廷任命孙坚为别部司马。

边章、韩遂在凉州制造骚乱，中郎将董卓讨伐没有成效。汉中平三年，朝廷派司空张温代理车骑将军，往西征讨边章等人。张温呈表奏请孙坚参与军事，屯兵长安。张温用诏书召见董卓，董卓过了很久才来拜见张温。张温责备董卓，董卓的回答出言不逊。孙坚当时也在座，他向前对张温耳语道：『董卓不怕犯罪，而且狂妄至极，大言不惭，应当以召见不按时赶到的罪名，绳以军法，处以斩首。』张温说：『董卓在陇西、蜀郡之间一向威名显赫，现在杀了他，我们西进就没有依靠了。』孙坚说：『您亲率天子的大军，威震天下，怎么还要依靠董卓？我看董卓说的话，对您毫无礼貌。轻上无礼，这是他的第一条罪状。边章、韩遂飞扬跋扈长达一年，应当抓住时机出兵讨伐，董卓却说不能出兵。妨碍军事，蛊惑人心，这是他的第二条罪状。董卓受职无功，上司召见，他居然迟迟不来，而且态度十分傲慢，这是他的第三条罪状。古代的名将，手持斧钺莅临军队，没有不用处以斩首的办法来显示威势的，这就是穰苴斩庄贾、魏绛杀杨干的原因。如果您垂念董卓，不马上加以处决，那么严肃的军法就会全被这件事情破坏了。』张温不忍心对董卓采取行动，就说：『您暂且回去吧，否则董卓要产生疑心了。』孙坚于是起身出去了。边章、韩遂听说天子的军队将要开到，他们的党徒顿时离散瓦解，都要求投降。军队班师以后，朝廷负责评议功劳的官员认为军队没有同敌人交锋，就没有论定功劳奖赏，不过他们听说孙坚陈列董卓的三条罪状，并劝说张温杀了董卓，没有不为之赞叹的。朝廷任命孙坚为议郎。这时，长沙的强盗区星自称将军，聚众一万多人，围攻城邑。朝廷就任命孙坚为长沙太守。孙坚来到郡治后，亲自率领将士，制定谋略，仅一个月的工夫就打败了区星那伙人。周朝、郭石也率领徒属在零陵、桂阳一带起事，和区星相呼应。孙坚就越过边界，寻敌讨伐，使三个郡都得到安定。汉朝廷根据孙坚前后的功劳，封孙坚为乌程侯。

汉灵帝去世以后，董卓独揽了朝政大权，在京城横行霸道，恣意妄为。许多州郡一起发动义军，想讨伐董卓。孙坚也组织了军队。荆州刺史王睿平时对孙坚无礼，孙坚顺路杀了他。等到到达南阳，已聚众几万人。南阳太守张咨听说孙坚的军队来了，泰然自若。孙坚以牛酒为礼物，对张咨以礼相待，张咨第二天也回访答谢孙坚。两个人酒喝得尽兴时，长沙主簿进来禀报孙坚说：『我军向前推进，行至南阳，而道路没有修治，军需也没有备齐，请收捕南阳主簿并查问其原因。』张咨大为震恐，想要离去，而士兵已布满四周，他无法出去。过了一会儿，长沙主簿又进来报告孙坚说：『南阳太守阻止义军前进，使贼寇不能按时讨伐，请把他收捕起来，按军法从事。』接着就把张咨拖到军门斩首。郡府官员都为之震惊，孙坚大军无论索求什么，没有不满足要求的。孙坚率军前进，抵达鲁阳，与袁术相见。袁术就宣布孙坚代理破虏将军，同时又让他兼任豫州刺史。于是孙坚便在鲁阳城整顿军队。在他决定要进军讨伐董卓时，就派长史公仇称带着兵从事到豫州各地督察催办军粮。他在鲁阳城的东门外设置帐幔，为公仇称饯行，他的官属也一起在这里聚会。董卓派几万人马迎战孙坚，有几十名轻骑兵先头到达鲁阳。孙坚正和部属行酒谈笑，他命令部队整顿阵容，不得轻举妄动。随后敌人的骑兵逐渐增多，孙坚缓缓地撤座，一边活动四肢骨节，一边进入城内。这时他才对部下说：『先前我不马上起身的原因，就是怕士兵乱了阵脚，自相践踏，诸位就无法进城了。』董卓的官兵见孙坚的兵马十分整齐，不敢攻城，就撤兵回去了。孙坚转移部队，屯守大梁以东的地方，遭到董卓军队的猛烈进攻。孙坚和几十名骑兵突破重围杀出来。他经常戴赤罽头巾，此时就脱下头巾，让亲信的部将祖茂戴上。董卓的骑兵便争先恐后地追赶祖茂，所以孙坚才得以从小路逃脱。祖茂被追兵追得无路可走，只好跳下马，把头巾蒙在坟墓间的烧柱上，就潜伏在草丛中。董卓的骑兵远远地看见头巾，便重重地包围上来，他们对准目标靠近以后，发现是根烧柱，这才撤离了。孙坚重新集合部队，在阳人和敌人交战，大败董卓的军队，杀了董卓的都督华雄等人。就在这个时候，有人在袁术面前离间孙坚，使袁术对孙坚产生了疑心，不给孙坚运送军粮。阳人距离鲁阳一百多里，孙坚连夜驰马来拜见袁术。他在地上画来画去，分析形势和各方的利害关系，他说：『我之所以出生入死，不顾个人的安危，首先是为国家讨伐奸贼，其次也是为了平复将军家庭的私仇。我和董卓并没有伤害骨肉至亲的怨恨，将军却听信谮言，反而对我有疑心。』袁术听了，未免局促不安，当下就给孙坚调拨军粮。孙坚这才返回军营。董卓惧怕孙坚的勇猛强壮，就派将军李傕等人前来要求和孙坚和议联姻，让孙坚列出子弟中想担任刺史、郡守的名单来，答应任用他们。孙坚说：『董卓悖逆天理，横行无道，颠覆王室，如果不消灭你一门三族，悬书告示四海，那么我死也不能瞑目，怎么能跟你和议联姻呢！』他又向大谷进军，距离洛邑九十里。董卓不久就往西面迁都，进入函谷关，并放火焚烧了洛邑。孙坚于是向前挺进，来到洛邑，修缮了所有的帝王陵墓，填平了被董卓挖掘的陵墓。这些工作结束后，他就率领部队返回，仍然住在鲁阳。

初平三年，袁术派孙坚征讨荆州，攻打刘表。刘表派黄祖在樊城和邓县之间迎战。孙坚击败了黄祖，并追击黄祖，渡过汉水，于是包围了襄阳。就在孙坚单枪匹马巡视岘山时，被黄祖的士兵用箭射死了。孙坚哥哥的儿子孙贲率领将士们投靠了袁术，袁术又宣布孙贲任豫州刺史。

孙坚有四个儿子：孙策、孙权、孙翊、孙匡。孙权称帝以后，追谥孙坚为武烈皇帝。

孙策，字伯符。孙坚起初发动组织义军时，孙策带着母亲移居舒县。他和周瑜的关系十分友善，并且广泛交接士大夫，长江、淮水之间的人们都向往他。孙坚去世以后，他把孙坚的灵柩运回并安葬在曲阿。丧事完毕，他就渡过长江住在江都。

徐州州牧陶谦非常忌恨孙策。孙策的舅舅吴景当时担任丹杨太守，孙策就把母亲送到曲阿安顿下来，他和吕范、孙河一起投吴景，并利用这个机会招募精兵，得到几百人。汉兴平元年，他跟随袁术。袁术特别器重他，把孙坚的部队交还给他。汉朝廷的太傅马日磾持符节安抚关东，在寿春以礼征召孙策，宣布任命孙策为怀义校尉。袁术的大将乔蕤、张勋都爱慕尊敬孙策。袁术经常感慨地说：『假如我有个儿子像孙郎那样，就是死了又有什么值得遗憾的呢！』孙策有个骑兵犯了罪，逃进袁术的军营，躲藏在马厩里，孙策指派人追到那里杀了那个骑兵。事情了结之后，孙策才拜见了袁术，并向他赔罪。袁术说：『当兵的人喜欢叛变，我们应当共同憎恶他们才是，为什么要赔罪呢？』从此，军内越发敬畏孙策了。袁术起初许诺要让孙策担任九江太守，以后却又改用丹杨人陈纪。后来袁术打算攻打徐州，就向庐江太守陆康索求三万斛米粮。陆康不给，袁术勃然大怒。孙策以前曾经去拜访过陆康，陆康不见他，而是让主簿接待他。因为此事孙策常常怀恨在心。袁术就派孙策去攻打陆康，并对孙策说：『以前我错用了陈纪，心里每每懊恨原先的意图没有实现。现在如果抓到了陆康，庐江就真正归您所有了。』孙策去攻打陆康，拿下了庐江，袁术又任用他原有的属官刘勋为太守，孙策对袁术越发感到失望了。在这以前，刘繇担任扬州刺史，扬州过去的治所在寿春，而寿春已经被袁术占据了，刘繇就渡江把曲阿作为治所。当时吴景还在丹杨，孙策的堂兄孙贲又是丹杨都尉，刘繇一来，就以武力把他们都赶走。吴景和孙贲只好退出丹杨，住在历阳。刘繇派樊能、于麋在东面屯兵横江津，让张英驻守当利口，以抗拒袁术。袁术任用自己原有属官琅邪人惠衢为扬州刺史，又以吴景为督军中郎将，让吴景和孙贲一起率兵攻打张英等人，打了几年也没有打下来。孙策就劝说袁术，要求帮助吴景等人平定江东。袁术宣布孙策为折冲校尉，代理殄寇将军，给他的士兵只有一千多人，战马才几十匹。门下的宾客愿跟随孙策出征的有几百人。等到了历阳，孙策的队伍就扩充到五六千人。孙策的母亲事先已经从曲阿迁到历阳，孙策又把母亲迁到阜陵，然后渡过长江，连续出击，所向披靡，没有人敢抵御他的锋芒。他的部队军令整饬，纪律严明，百姓都很拥戴他。

孙策的为人，容貌修美，喜欢说笑，性情豁达，从善如流，善于用人，因此，士人和百姓凡是见到他的，没有不尽心效力，并且乐于为他献身的。刘繇弃军逃跑以后，许多郡守也都放弃城邑四处奔命。吴郡人严白虎等人聚众各有一万多人，到处屯兵。吴景等人想先击溃严白虎一伙，就来到会稽。孙策说：『严白虎之流是一群强盗，没有什么雄心壮志，这次出兵一定能捉住他们。』于是，他率领部队渡过浙江，占领了会稽，屠戮东冶，就这样打败了严白虎等人。孙策把这一带的地方官员全部更换了，他自己兼任会稽太守，又让吴景做丹杨太守，让孙贲做豫章太守。他还从豫章划分出庐陵郡，让孙贲的弟弟孙辅做庐陵太守，让丹杨人朱治做吴郡太守。彭城人张昭，广陵人张纮、秦松、陈端等人是他的主要谋士。这时袁术僭号称帝，孙策就写信斥责他，并同他断绝关系。曹操宣布孙策为讨逆将军，并封他为吴侯。后来袁术死了，长史杨弘、大将张勋等人率领他们的部众想投靠孙策，庐江太守刘勋半路上截击他们，把他们全部俘虏，并收缴了他们携带的珍宝。孙策听说这件事情以后，假意同刘勋建立友好的联盟关系。刘勋刚得到袁术的部众，而当时豫章上缭与袁术同宗的百姓一万多户人家在江东，孙策就鼓动刘勋去攻打他们。刘勋出发以后，孙策马上派轻装部队，乘夜袭击并攻占了庐江，刘勋的部众全部投降，刘勋独自和部下几百人归顺了曹操。这个时候，袁绍正处于强盛时期，而孙策兼并了江东，曹操的力量还不能随心所欲，曹操暂且想安抚孙策，就把他弟弟的女儿许配给孙策的小弟孙匡，又为儿子曹章娶了孙贲的女儿，对孙策另外两个弟弟孙权和孙翊都以礼召见，还命令扬州刺史严象举荐孙权为茂才。

汉建安五年，曹操和袁绍在官渡交战，孙策阴谋袭击许都，要迎回汉献帝。他秘密地训练军队，部署出征的将领。然而，他还没有来得及采取行动，正巧就被原吴郡太守许贡的门客杀害了。在这之前，孙策先杀了许贡，许贡的小儿子和门客逃到长江岸边躲藏起来。孙策独自骑马出去，终于和许贡的门客相遇，许贡的门客把孙策击伤了。孙策的伤势十分严重，他把张昭等人请来，对他们说：『中原大地正陷入混乱，凭着吴、越的兵马和三江的险固，足以坐观龙虎相争的成败。你们要好好辅助我弟弟。』他又把孙权叫来，给孙权佩上印绶，对孙权说：『率领江东的兵马，在两军对垒之际做出决断，与天下英雄抗衡，你不如我；举拔贤人，任用能人，并使他们各尽心效力，来保卫江东，我不如你。』到了夜间，他就去世了，当时他才二十六岁。

孙权称帝以后，追谥孙策为长沙桓王，封孙策的儿子孙绍为吴侯，后来又改封为上虞侯。孙绍死后，他的儿子孙奉继承他的爵位。孙皓继位以后，有谣言传说孙奉应当立为皇帝，孙奉便被处以死刑。

评论说：孙坚勇敢刚毅，从鄙陋低贱的地位起家，引导张温杀戮董卓，又把董卓挖掘的帝陵全部填平，可见他有忠诚雄壮的气节。孙策气概豪迈，超群绝伦，锐气盖世，喜欢出奇制胜，志在一统华夏。但是，他们都过于轻率，武断急躁，以致丧生而失败。另外吴国割据江东，是孙策奠定的基础，而孙权对他的尊崇不够分量，他的儿子只是享受侯爵，从仁义的角度来看，这也太刻薄了。